中国教育的思想遗产

回望

宋元明清

郭齐家 著

教育科学出版社

·北京·

目 录

1

4

儒学教育思想是中国古代教育思想史上的一条主线。儒学教育思想的发展大致经历了三个阶段：先秦儒学、汉唐经学、宋明理学。

宋明理学（或称道学）是宋明时期形成的，它是以儒学为主干，融摄佛道的智慧，建立了以理气论、心性论为中心的道德形而上学体系。宋明理学把汉唐以来注疏"五经"的传统一变而为讲求"四书"（《大学》《中庸》《论语》《孟子》）义理，讨论身心性命修养问题的传统，并以民间自由讲学之书院为依托，把传统精英文化进一步世俗化了。作为一种文化现象，理学是整个东亚文明的体现。它不仅在宋元明清时期成为中国的官方意识形态，而且在14—20世纪对东亚各民族产生了广泛而深刻的影响。它的精华与糟粕至今仍然积淀在东亚各民族的文化心理中，对东亚现代化起着这样那样的作用。

张载是宋明理学奠基时期的代表人物，他由"气"论证"理"。经过程颢、程颐的发展，朱熹成为宋明理学成熟时期的代表人物，他是由"理"与"气"两方面来论证的。而陆九渊、王守仁则是宋明理学中"心学"的代表人物，他们由"心"论证"理"。

作为理学教育思想反对者的张居正，其教育思想表现了浓厚的封建专制主义的政治色彩，但他把一个不满八岁的太子培养成一位国家君主，使得他关于太子与小皇帝的培养教育思想更具经验性、理论性和系统性特色。

明末清初，社会矛盾、民族矛盾进一步激化，封建制度发展到了衰落阶段，文化专制主义空前加强，大兴文字狱；八股取士，迫使知识界的思想普遍僵化；官学到后来几乎停止了教学活动，变成只是祭祀和考课的场所。在这种形势下，一部分进步思想家如王夫之、颜元等人，在市民运动的推动下，兴起了批判理学的进步思潮，具有早期启蒙的性质，其基本内容和特点是：批判理学教育理论，培养经世致用的人才，提倡"实学"，重视自然科学和技艺的学习，提倡"主动"、"习行"的教学方法，提出初步民主的教育主张等。颜元制订了漳南书院的教学计划，勾画了一幅朦胧的近代教育的蓝图。

晚清重臣张之洞提出了"中学为体，西学为用"的思想，实际上就是在继承传统的经史儒学教育思想的同时，吸取了西方近代的科学技术教育内容和教学手段，引进了"西学"和"西艺"。因此这是中国传统教育思想的一次大变动，对中国教育思想史有不可忽视的重大影响。与此同时，维新派出现了。维新派竭力联合社会上层力量，以教育为政治改革的突破口，在文教领域内掀起了声势浩大的维新运动。以康有为、梁启超、严复为代表的维新派，在猛烈抨击洋务派教育思潮的同时，却又不自觉地成为洋务派学习西方教育的传人。他们比洋务派高明的是，不再偏于专业技术教育，只重视培养专门人才，而是大力提倡开发民智、普及教育，培养新民；主张不仅学习"西文""西艺"，更要重视学习"西政"，提出在全国建立相互衔接的三级学校教育制度等。维新派的教育思想颇具特色，它极大地丰富了中国教育思想史的内容，起到了一种启蒙、解放思想的作用，它为资产阶级革命派的教育思想的进一步发展奠定了基础。

第一
理学教育通论

公元 960 年，赵匡胤利用兵变夺取后周政权，建立了宋王朝，中国进入了封建社会发展的新阶段。这时出现了一种新的理论形态——理学（又名道学）。理学在宋代形成，不是一种偶然现象。

在我国封建社会长期而缓慢的发展过程中，唐宋之际是一个重大的转折时期。这个转折，表现在地主阶级方面，是门阀士族最终退出历史舞台，代之而起的，是"官户"和"乡户"地主；表现在农民阶级方面，是"部曲"、"佃客"最终退出历史舞台，代之而起的，是租佃制下的"客户"。至此，地主对农民的直接人身控制相对地削弱了，农民对地主的人身依附相对地缓和了。（姚瀛艇，1983）这个时候迫切需要建立一套能把自然观、认识论、教育观、道德观等有机地联系在一起的新的理论形态，以便全面地对自然、社会、人生、教育问题等作出有利于时代发展的解释。于是以"穷理尽性"为核心的理学就应运而生了。唐宋之际封建社会的这种重大变化，是理学所以产生的经济基础；赵宋王朝厉行集权、重整伦常，是理学所以产生的政治背景；唐代韩愈所倡导的儒学复兴运动和儒佛道三家的长期融合，为理学的产生提供了必要的思想条件；中唐以来疑古惑经风气的盛行，突破了汉儒章句注疏之学和笃守师说的家法的束缚，为理学的产生创造了有利的学术环境。理学比佛道玄学思想更能直接为封建时代服务，其理论较之于传统儒学则更精巧思辨，颇具哲理色彩。这个特点在理学教育思想体系结构上有着明显的体现。

一、理论基础

宋明理学，无论是它的奠基时期、成熟时期，还是崩溃时期，无论是"气"一元论者、"理"一元论者，还是"心"一元论者，在他们的著作中，开头总是要大讲一通理、气、无极、太极之类的宇宙生成、万物化生的宇宙论，然而他们的宇宙论是为重建孔孟之道服务的。他们从宇宙论出发，进而论证古代社会的教育，是通过人性论为中介的。理学人性论是联络、沟通理学宇宙论与教育论的桥梁。

张载认为人与天地万物同出一源，都是由同一材料——"气"构成的。因此，他认为人的本性也就是天地万物的本性。他把人与天地同体共性的本然之性叫做"天地之性"。这是人所共有的、至善的，是宇宙普遍必然的永恒秩序和规律在人性上的体现。然而，每个具体的人，有了生命之后，就具有他自己的个性，这种个性是和他的生理条件、身体特点紧密联系的，他把这种具体的每个人的本性叫做"气质之性"，这是各人不同的、后天的、有善与不善的。他认为"天地之性"是管辖、支配"气质之性"的，而"天地之性"又需依赖"气质之性"才可能存在和发挥作用，如果没有"气质之性"，"天地之性"也就落了空。但由于"气质"的偏蔽，可能障碍"天地之性"的正常发展，所以张载认为，教育的作用就在于"变化气质"，去掉偏蔽，使"气质之性"完全受到"天地之性"的主宰、支配，这样就可以"顺性命之理"，防止"灭理穷欲"了。

朱熹完全接受了张载的这些思想，还继承了程颐的"性即理"的思想。他把张载的"天地之性"改为"天命之性"或"义理之性"。他认为"天命之性"即是"理"，是古代社会道德的必然要求和规范。但由于"天命之性"常受形气的私情所蒙蔽，微妙而难显现；"气质之性"来自人的形体，对外界的反应常产生过与不及的偏向，不容易适得其中，故危殆而不安，所以朱熹认为，教育的作用在于发挥"气质之性"中那一部分先验的"善性"，按照"仁义礼智"四德去做，如此才能"变化气质"，改变"气质之性"中那"不善"的部分，使危殆的"气质之性"由危转安，微妙的"天命之性"由隐而显，从而使"天命之性"得到完整的、充分的表现。

理学人性论的重点在于论证先秦儒学提出的传统道德规范是"天命之性"，来自"天理"。人见小孩坠井去救援，不是为了邀功图誉，而是"应当"必须如此去做，人人都应自觉服从"天理"，人人都不可以违反"天理"。只不过由于"气质"的偏蔽，使得有些人没能很好地把这个"天命之性"充分体现出来而已。

经过理学的论证，先秦儒学提出的"性善论"与"性恶论"

第一

理学教育通论

得到了新的综合解释。理学认为，孟子主张性善，是指"天命之性"，但孟子不知道人还有"气质之性"，因而不能很好地说明人性既善而恶从何来的问题；荀子主张性恶，是指"气质之性"，但荀子不知道人极本穷源的"天命之性"是浑然至善的，所以孟荀对人性的解释都不圆满。理学人性论一方面吸收了荀子"性恶论"对人改造的观点，强调教育的作用在于"变化气质"，从理论上论证了人人接受教育的必要性；另一方面又发挥了孟子"性善论"思想，强调人人都具有"天命之性"，具有"仁义礼智信"这些先天的道德品质，又从理论上指出了人人都有培养成为圣贤的可能性。这就为宋以后的教育重新树立了明确的方向，使那些暂时还不完全符合传统道德标准的人特别是青少年增强了信心。

从宇宙论到教育论，理学通过人性论把它打通了。上接天道，下连伦常，天人同理，天人相通，天人一贯。理学既不停留于先秦儒学那种缺乏理论的单调的道德伦理的说教，又扬弃了汉唐经学那种认为天可以直接干预人事的过时的神学目的论。理学不是那么露骨的人格化、简单化，而是更多地表现为人性论、理性论，这使得理学教育理论更加精致，具有思辨哲理的色彩，比起传统儒学的教育理论是大大前进了。这是理学教育思想的一个显著特点。

二、教育目的

理学承认世界是真实的，不是虚幻的。这一点不同于佛道。理学认为佛教追求寂灭，道教企求长生，是违反常识的。每个人都在现实生活中活动，穿衣吃饭，"戴天履地"，生、老、病、死、苦，都是实实在在存在着的。理学承认和肯定人作为感性物质存在的实在性，这里也就包含着"理"的规定性，是"理"的表现，是"理"的"应当如此"的反映。因之它是合理的、必然的。正由于这些现象的实际存在，才组成了一个"完美"、"和谐"的传统儒学的人间天国。人生在这个天国之中，只应该顺着这个"理"的决定，而"各安本分"地生活。理学就是这样从现实的日常事理中，去寻找和论证社会的普遍原则，把社会的普遍原则贯彻到自然中去，又把自然中的普遍原则扩展到社会中来。

张载以为"气"是天地万物的本原，而"气"的聚散变化表现为"理"。"气"凝聚而成万物，万物有一定的秩序。这种自然的秩序如同社会的既定秩序一样，便是宇宙万物的普遍规律和原则。张载从宇宙论的高度来论证传统社会等级秩序和传统教育的目的。

程颢、程颐以"理"为天地万物的本原。他们强调的"理"即是父子关系、君臣关系的原则。"父子君臣，天下之定理，无所逃于天地之间。"（《河南程氏遗书》卷五）程颢、程颐也是从宇宙论的高度来为古代社会等级秩序以及古代教育目的作说明的。

朱熹发挥了以上的观点，宣称君臣上下的等级秩序是"理所当然"。他说："宇宙之间，一理而已……其张之为三纲。其纪之为五常，盖皆此理之流行，无所适而不在。"（《朱子文集》卷七十）"所谓天理，复是何物？仁义礼智信岂不是天理？君臣父子兄弟夫妇朋友岂不是天理？"（《朱子文集》卷五十九）"天理流行，到处皆是。暑往寒来，川流山峙，父子有亲，君臣有义之类，无非是理。"（《朱子语类》卷四十）凡是合乎"三纲五常"的道德、思想意识和行为，他都说成合乎"天理"，是"天理之自然"；凡是违背"三纲五常"的思想、感情和物质欲望，他都说成是"人欲"，属于该去掉之列。他主张教育的目的，是"人欲净尽，天理流行"、"革尽人欲，复尽天理"。

陆九渊、王守仁认为"心"是世界的本原。他们认为人是天地万物的"心"，"心"是天地万物的主宰。"心即理"，"三纲五常"的古代统治之"理"就是人的"本心"，就是宇宙的主宰。"致良知"，只要人们把自己心中所固有的道德观念充分发挥出来，"见父自然知孝，见兄自然知弟，见孺子入井自然知恻隐"（《传习录》上），就能从人心深处"存天理、灭人欲"，从而维护古代社会既定秩序和纲常伦理。

理学是反映宋明时代社会秩序的意识形态，它把古代的道德原则看做是永恒的绝对的最高原则，一方面要求尽可能广泛地博爱；另一方面要求尽可能严伦常等级之分。重血缘、崇宗法、讲名分、别尊卑，使人们在宗法血缘和与之相适应的古代伦常道德的心理情感中，去冲淡政治经济的不平等和受剥削压迫的苦痛，从而维护古代社会制度的永世长存。因此，理学把"天理流行"作为教育的目的任务，这是宋明理学论述教育目的的一个共同的特点。

三、精神境界

理学家强调加强教育，提高觉悟，在"人伦日用"中体现

"至理"，在平时履践中"尽性至命"（《河南程氏遗书》卷十八），从而达到崇高的精神境界。

理学家认为实现"天理"必须是高度自觉的，具有自我意识的，既不靠有意志的上帝指令，也不靠物质功利的刺激。朱熹说："义理不明如何践履?""若讲得道理明时，自是事亲不得不孝，事兄不得不悌，交朋友不得不信。"（《朱子语类》张伯行辑本卷二）所谓"不得不"，即必须履行、无价钱可讲的"绝对命令"。所谓"讲得道理明时"，即是对这一"绝对命令"的自觉意识。这有点类似德国古典哲学家康德提出的追求道德的"自律"，而反对"他律"。人们表现"自律"，即自我意识强，道德修养的自觉性主动性程度高，精神境界也就越高。理学家把这种由自觉而达到的崇高的精神境界叫做"孔颜乐处"。因为孔子曾经说过："饭疏食饮水，曲肱而枕之，乐亦在其中矣。"（《论语·述而》）"一箪食、一瓢饮，在陋巷，人不堪其忧，回也不改其乐，贤哉，回也!"（《论语·雍也》）

周敦颐曾对他的学生程颢、程颐提过这样一个问题："寻孔颜乐处，所乐何事?"这是理学教育的一个重要问题。谁能回答这个问题，谁就算是踏进了理学的门槛。谁从理论上回答了这个问题，谁就算是懂得了理学。谁从实际上回答了这个问题，谁就算是进入了崇高的精神境界。

程颢有两首诗，表明他不仅知道有这种乐，而且实际感受到了这种乐："闲来无事不从容，睡觉东窗日已红。万物静观皆自得，四时佳兴与人同。道通天地有形外，思入风云变态中。富贵不淫贫贱乐，男儿到此自豪雄"；"云淡风轻近午天，傍花随柳过前川。时人不识余心乐，将谓偷闲学少年"。

朱熹也有首诗，表现他实际感受到了这种乐："胜日寻芳泗水滨，无边光景一时新。等闲识得东风面，万紫千红总是春。"

理学认为，整个宇宙是个大生命，充满和谐，具有创造性，它是有意义有价值的。人是宇宙间渺小的生命，人的生命的意义是由宇宙而来，人的思想和宇宙的精神是相连的，宇宙的生命要在人的生命中表现出来。所谓"民吾同胞，物吾与也"（张载《西铭》），所谓"仁者以天地万物为一体"（《河南程氏遗书》卷二上），所谓"大人者，以天地万物为一体也"。（王守仁《大学问》）理学要求每个人的先天的"善性"在日常生活的道德修养中充分体现与自觉完成，能满足这要求，就是"仁"，就是"尽性至命"，就能达到"赞化育"、"与天地参"的"天人合德"、"物我一体"的境界。

在理学看来，生命本身并非最高的价值，还有比生命更重要的价值在。生命本身，有时为了更大的价值要作出牺牲。所以，理学特别重视"立志"，提倡"舍生取义"的精神，对于世俗间的富贵贫贱以及一切个人得失，都不介意。由此产生出来的"乐"，即是"孔颜乐处"。这是一种"民胞物与"、"天人合一"的襟怀，是一种精神状态，是一种高度自觉，是一种道德理想，是一种不畏艰苦而充满生意的崇高境界。

理学充分肯定人的精神生活和道德教育、道德修养的重要，强调道德情感、心理愉悦的陶冶和培育，重视由自觉达到崇高精神境界的道德理想，以及如何在道德教育与修养中，正确认识自我及每个人的社会责任、历史使命等方面，确实具有重要的理论

意义，给我们留下了精神的启迪和丰富的资料。与过去中国封建
社会流行的"人不为己，天诛地灭"、"人生在世，吃穿二字"、
"争名于朝，争利于市"等境界相比，与当今资本主义世界出现
的"精神空虚"、"价值崩溃"、"金钱万能"、"享乐至上"等观
念相比，理学推崇的"孔颜乐处"对于提高人类的精神价值、开
拓生命的远景、宣扬人生的光明面，不也还有一定的进步意义么？

四、修养工夫

如前所述，理学认为天人间的和谐是自然的，人对宇宙和谐
的实现是可以通过道德教育与道德修养来完成的。人们通过自我
修养，灭绝万恶的"人欲"，恢复纯善的"天理"，就可达到"情
理谐和"、"天人合一"的理想境界。

理学认为道德教育的修养工夫，最重要的是一个"敬"字。
程颐说："涵养须用敬。"朱熹说："敬字工夫，乃圣门第一义，
彻头彻尾。不可顷刻间断。"（《朱子语类》卷十二）所谓"敬字
工夫"，并不是主张与外界隔绝，闭门静坐，而是要求无事时敬在
心上，有事时敬在事上，"整齐收敛这身心，不敢放纵，便是敬"
（《宋元学案·晦翁学案》）。所谓"无事时敬在心上"，是指平时
注意"慎独"，精神专一，"内无妄思，外无妄动"，使自己不受
外在环境、利益、观念、因素所影响和支配。所谓"有事时敬在
事上"，是指处理各项事务，高度自觉，固守不易，反对盲目性与
自发性，时时处处以传统道德观念为准绳。朱熹说："人之心性，
敬则常存，不敬则不存"，"人能存得敬，则吾心湛然，天理粲

然"。(《朱子语类辑略》)

"主敬"和"存养"是分不开的。所谓"存养"，就是"存其心，养其性"。朱熹说："如今要下工夫，且须端庄存养，独观昭旷之原。不须枉费工夫，钻纸上语。待存养得此昭明洞达，自觉无许多窒碍，恁时方取文字来看，则自然有意味，道理自然透彻，遇事自然迎刃而解，皆无许多病痛。"(《宋元学案·晦翁学案》)从另一方面说，"存养"即不要失忘此心，"心若不存，一身便无主宰"，"圣人千言万语，只要人不失其本心"。(《朱子语类辑略》)由于人的"心"交杂着物欲和义理，因此，理学认为"存养"就是要收敛此心，"若收敛都在义理上安顿，无许多胡思乱想，则久久自于物欲上轻，于义理上重"(《朱子语类辑略》)。这就是说，"存养"即保存住人先天所固有的善性，不要让它丧失掉，不被物欲所吸引。

理学认为"主敬存养"，是做人的基本修养，是立身处世的正常起步。理学还认为，平日多做些"省过察非"的体认，养成"省过察非"的习惯，是有利于"主敬存养"的。

"省"是反省，"察"是检察。理学认为，一个人应该"无时不省察"，"一事之微，不加精察之功，则陷于恶而不自知"，"涵养愈熟，则省察愈精矣"。(《性理精义》)朱熹主张，当人欲之私意在"将发之际"和"已发之后"进行"省察"，就可把一切违背传统伦常道德的意念消灭在萌芽之中或已发之后。王守仁认为，"省察"应像猫捉老鼠一样，把不符合传统道德的意念"扫除廓清"，"一毫不存"；如果让"人欲之私"留下一丝一毫，那么，其结果必将是前功尽弃，"众恶相引而来"。(《传习录》上)

理学强调的这一套"主敬存养"、静心思过的修养工夫，讲求以理统情、自我节制、锻炼意志，强调道德修养的力量正是在与个体私利和快乐幸福相矛盾、相冲突中显示出来意义。这些都包含有某些合理因素，是不应该完全抹杀的。

　　除了重视修养、讲求控制而外，理学教育的另一特征是强调道德意识与道德行动的统一。程颐说："人既能知见，岂有不能行？""学者须是真知，才知得便是泰然行将去也。"（《宋元学案·伊川学案》）朱熹说："知行常相须。"（《朱子语类》卷九）朱熹的学生陈淳也说："致知力行二事，当齐头著力并做，不是截然为二事，先致知然后行，只是一套底事。行之不力，非行之罪，皆知之者不真。须见善真如好好色，见恶真如恶恶臭，然后为知之至，而行之力，即便在其中矣。"（《宋元学案·北溪学案》）这里所说的"知"，主要指的是人的道德意识和思想意念；这里所说的"行"，主要指的是人的道德践履和实际行动。理学主张这二者密切配合统一，以道德意识和观念指导人们的道德践履和行为；反过来，人们通过道德践履与行为，又加深了对道德意识和观念的认识、信守。朱熹说："方其知之，而行术及之，则知尚浅。既亲历其域，则知之益明"（《性理精义》卷八），指的就是这个意思。

　　在理学家中，王守仁最为突出地把一切道德归结于个体的自觉行动。他说："真知即所以为行，不行不足谓之知。"（《传习录》中）"知之真切笃实处即是行，行之明觉精察处即是知。""知是行的主意，行是知的功夫。知是行之始，行是知之成。""就如称某人知孝，某人知弟，必是其人已曾行孝行弟，方可称他知孝知弟；不成只是晓得说些孝弟的话，便可称为知孝知弟？"

（《传习录》上）在王守仁看来，"知"与"行"是不可分割的，是"合一"的。有知在即有行在，有行在即有知在，知不离行，行不离知，二者互为表里，不可分离。知必然要表现为行，不行不能算真知。"良知"无不行，而自觉的行也就是知。"知行合一"观念自形成以来，到王守仁这里才把其精神及功能得以充分发挥。

理学教育思想突出了"知而必行"与"知行合一"，反对"知行脱节"与"知而不行"，目的是落实"天理流行"、"存天理灭人欲"这个教育的目的任务的。理学的"知而必行"与"知行合一"的教育思想，窥测到了道德意识和道德行为之间相互联系、相互转化的关系，表现了对道德的自我意识感的重视及对道德行为的能动性的极大强调，这一点在道德教育理论的发展上还是有积极意义的。

理学对"行"的极端重视，从根本上说来，就是重在道德意志行为是道德教育的自我完成。离开了自觉的道德行为，离开了理性意识的主宰作用，道德教育的完成就变成了一句空话。这些对我们来说，也是有启发意义的。

五、作用和影响

理学教育思想在中国古代社会和中国教育思想史上产生过巨大的作用和影响。

理学教育的目的，是"存天理、灭人欲"，这就大大加强了封建纲常伦理的统治地位和作用，勒紧了君权、父权和夫权的封建绳索，强化了束缚人思想的枷锁，压制和扼杀了人追求物质利益的愿望。一句"饿死事极小，失节事极大"的语录，曾给历代妇女带来多少苦难！一顶"名教罪人"的帽子，又压制了多少要求革新和进步的仁人志士！"人死于法，犹有怜之者，死于理，其谁怜之？""酷吏以法杀人，后儒以理杀人。"（戴震《与某书》）"数千年来三纲五伦之惨祸烈毒，由是酷焉矣。"（谭嗣同《仁学》）理学教育思想的确给中国社会和国人带来了历史性的损伤。

理学教育思想也还有一些积极影响。理学重视崇高的精神境界，讲究气节与操守，提倡"立志"与"舍生取义"的献身精神，强调道德责任感与历史使命感的培养，在形成我们民族的优良道德传统上留下了重要的痕迹。从一些坚贞不屈的民族英雄和社会革命家的成长来看，理学教育的熏陶和影响曾起过一些积极作用。

理学不借助于宗教信仰，而充分肯定道德教育和道德修养的重要，充分肯定人的精神文明的意义，注重道德意识与道德行为的互相转化和作用，重视道德信念的建立与道德情感、心理愉悦的培育，以及对自觉意志行为和理性意识的能动性的强调，所有这些，为人类崇高的道德教育学说提供了丰富的思想资料，对于我们今天建设社会主义的精神文明和建立中国特色的社会主义教育思想体系，不能不说也有一定的借鉴意义和参考价值。

第
二

张载的教育思想

一、生平及教育活动

张载（1020—1077），字子厚，祖上为大梁（今河南开封）人，后定居陕西郿县横渠镇，故世称横渠先生。

张载少时即志气不群，喜谈兵事。年廿一，上书给当时任陕西招讨副使的范仲淹，为西疆边事献策。范授他《中庸》一编，劝诫他乐于儒教，弃谈用兵。张载遂发愤研读儒家经典，开始了读书和讲学生涯。

从嘉祐（1056—1063）初年始，张载先后几次在京师及关中设坛讲学，听者甚众，并因其"名行之美"，被长安通判文彦博聘为长安学宫教授。三十八岁时，登进士第。此后曾任过祁州司法参军、丹州云岩县令，熙宁二年（1069年）冬被召入对，除崇文院校书。第二年移疾，隐居横渠，研读六经，著述讲学。十年春复召还馆，同知太常礼院。是年冬谒告西归。十二月行经临潼，卒于馆舍。因家贫无以敛，门人奉柩归殡以葬。

张载一生投身仕途的时间不长，大半个生涯是在学术研究和聚徒讲学中度过的。他的高足吕大临在《横渠先生行状》（以下简称《行状》）中说：先生"答问学者，虽多不倦，有不能者，未尝不开其端。其所至必访人才，有可语者，必丁宁以诲之，唯恐其成就之晚"。他家境很穷，仅有薄田数百亩以供生计，"人不堪其忧"，他却"处之益安"。"故虽贫不能自给，苟门人之无赀者，虽粝蔬亦共之。"（《行状》）足见他诲人不倦的精神和对待学生的真挚感情。由于他如此热衷于教育，其门下才有如吕大钧、吕大忠、吕大临、苏昞、潘拯、范育等数十位知名弟子及大批关学后学，形成与濂、洛、闽学派齐名的宋代四大学派之一的关学学派。张载刻苦求学之功极深，多少年来一直被当做勉人用功之楷模。《宋史·张载传》说他"终日危坐一室，左右简编，俯而读，仰而思，有得则识之，或中夜起坐，取烛以书。其志道精思，未始须臾息，亦未尝须臾忘也"。他写了大量的著作，主要的有《正蒙》《易说》《礼乐说》《论语说》《孟子解》及《理窟》《语录》等。

张载是我国北宋著名的哲学家和教育家。他在政治上，为了改变土地被大量兼并的局面，提出了具有改革意义的恢复井田制的主张；在哲学上，提出了元气本体论的观点；他的教育思想，继承了孔、孟等古代教育思想遗产，结合其政治和哲学观点，有许多精辟的阐述和独到的见解，为理学教育思想奠定了基石。

二、"天地之性"与"气质之性"

张载针对当时社会土地不均、贫富悬殊的状况，提出了恢复三代之法，实行井田的主张。因为在他看来，解决"教养"问题必须以解决政治经济问题为前提，如果当政者不行"仁政"，不"足民"、"阜财"，虽欲言教，皆苟而已。于是他提出"教之必能养之然后信"的命题和实行井田的具体方案，以图达到足民、阜财、养之、教之的目的。他说："共买田一方，画为数井。上不失公家之赋役，退以其私正经界，分宅里，立敛法，广储蓄，兴学校，成礼俗，救灾恤患，敦本抑末，足以推先王之遗法，明当今之可行。"（《行状》）据此可知，张载既以解决土地不均、发展经济作为教育的物质前提，又把教育作为实现自己的政治理想的手段。我们由"行井田"——"广储蓄"——"兴学校"和"兴学校"——"成礼俗"——"推先王之遗法，明当今之可行"这两条逻辑线上，足以看出他在这方面的清楚认识。教育和政治经济是统一的，教育通过培养社会所需要的人才和传递一定的意识形态，为一定社会的政治经济制度服务，这就是教育的社会功能。

张载从他的宇宙观的逻辑体系中，推演出独具特点的两层人性论，并以人性论为根据来说明教育对人的发展的功能。

在宇宙观方面，张载提出了"太虚即气"的光辉命题。他认为世界上一切有形的物体和无形的虚空，均属于"气"的范畴，都是"气"的不同表现形态。他又认为人和物同出一源，皆气聚而成形，故一方面先天皆具有太虚正清纯大之道德本性，即所谓

"天地之性"；但另一方面，由于人所禀受的阴阳之气的清浊各异，有反有仇，互相攻取，便产生了迥然不同的本性，即所谓"气质之性"。"天地之性"是人所共有的本然之善性，是人能够接受教育的内在根据；而"气质之性"则是后天生成的与个人的生理条件、身体特点结合在一起的特征，所谓"饮食男女"及口腹鼻舌等的"攻取之性"。"气质之性"不像"天地之性"那样善美，而有美恶智愚之别。由于它有许多缺陷，障蔽了"天地之性"的正常表现和发展，故需要通过教育变化它，使其回复到天地本然之性。所以他说："性于人无不善，系其善反不善反而已"，"善反之，则天地之性存焉"。（《正蒙·诚明》）各人的"气质"每每有差异，这是"所受定分"，但是无论"气质恶者"，还是"不才"者，在教育力量的指引下，最终都会归于正清善美"有才"的崇高境界，所谓"气质恶者，学即能移"。（《理窟·气质》）相反，天资美者，如果一味自恃其美，"任智自以为人莫及"，不肯受教学习，"皆为人之弊，卒无所发明，不得见圣人之奥"，必将导致"用智乃痴"的命运。（《理窟·义理》）据此，张载向后生学子们提出了谆谆告诫："天资美，不足以为功，惟矫恶为善，矫惰为勤，方是为功。"（《理窟·气质》）何谓"矫"，学习受教之谓也。张载通过对人性天资与教育的辩证分析，指出了教育对改变人性、完美天资的重要作用，为人们展示了一条通往圣人境界的理想道路。

三、求为圣人

张载从两层人性论出发，以对教育功能的认识为基础，进而提出了"立人之性"、"求为圣人"的教育目的。

他主张教育的目的在"立人之性"，在"学所以为人"，复于天地本然之善性。如他说："学者须当立人之性。仁者人也，当辨其人之所谓人。学者学所以为人。"（《语录·中》）这就是要通过教育，使学生摆脱动物性而立人性，使为学者学着做人，做至善至仁的人。而圣人就是这样的人，所以教育的最终目的，便是学为圣人。因此，他在教导学生时，"每告以知礼成性变化气质之道，学必如圣人而后已"（《宋史·张载传》）。他批评自秦汉至宋的学者的最大毛病，就是只知道"形而后"的"气质之性"（知人），而不知先天的"天地之性"（不知天）；只要求学生做个贤人，不要求学生做圣人。他认为这种教育的要求太低，是不可取的。显而易见，他主张的是：依据人性的层次性规定教育目的的不同层次。具体言之，首先教育学生做人，继而求做"贤人"，最后求做"圣人"。之所以强调"圣人"这一层次，是因为圣人既是能够"乐己行德"、将人性恢复到"与天道合一"的境界的人，又是能够"知人知天"、"穷神知化"的人，还是能够"道济天下"、具有实用价值的人。面对世风日下、道德沦丧、贫富不均和外族侵扰的宋代社会，张载希图通过教育来培养这种大贤大德、"独善"与"兼济"完美统一的"圣人"来拯救社会的危机。在这一点上，张载是值得肯定的。

四、学贵有用

张载从"立人之性"、"求为圣人"的教育目的出发，本着

"学贵有用"的原则，在继承古代教育内容的基础上，充实了自然科学知识和军事知识，这是张载教育思想的一大特色。

张载特别重视思想品质教育和伦理道德教育，在教育内容中有关这方面的科目占突出地位。《宋史·张载传》载："其学尊礼贵德，乐天安命，以《易》为宗，以《中庸》为的，以《礼》为体，以孔孟为极。"

在伦理道德教育的科目中，张载首先主张"学礼"。他认为"礼"是"圣人"的"成法"，"知礼"才能"成性"，才能净化品质、规范行为，达于圣人，故先学礼"在我乃是捷径"。（《理窟·礼乐》）他强调学礼不只在心内用功，还要勉励以行，使言行举止皆合于礼，这样便能回复到本然之善，所谓"使动作皆中礼，则气质自然全好"（《理窟·气质》）。

学礼之外，还要学习《六经》，因为"《诗》《书》无舛杂"，它通过"讴歌讼狱"表达了"众所向者"，是化民成俗的必修教材；《周礼》所记述三代社会的道德规范和政治制度，正是张载梦寐以求的理想蓝图；《周易》乃是揭示"性与天道"亦即天地万物和人伦社会的变化规律及其根源的，故学《易》是为了"知天"；而学习音乐，也不是"徒洋洋盈耳而已焉"（《正蒙·三十》），而是为了培养德操，陶冶性情，使人摒弃气质之恶，恢复天地善性。

张载还十分重视学生学《论语》《孟子》《中庸》《大学》四书。他指出："要见圣人，无如《论》《孟》为要。《论》《孟》二书，于学者大足，只是须涵泳。""如《中庸》《大学》，出于圣门，无可疑者。"（《理窟·义理》）这些书中宣扬的进德修业的准则、人生的哲理和治学的方法，特别为张载所推崇，他的教育思想中，许多都是对这些儒家经典的继承和发展。

此外，自然科学知识和军事知识也在张载的教育内容中占有一定的比重。他的代表作《正蒙》就是一部用天文、地理、生物、算学、医学、心理和生理学等自然科学知识和事例来阐发哲学思想的著作，是张载数十年教育和研究的结晶。他自己虽经范仲淹劝诫，未能成为戍边卫国的军事将帅，但他热衷军事知识教育，使"从之游者，多能道边事"（《二程遗书·附录》），培养出了种师道、游思雄、李复等戍边名将，表现了他极大的爱国热忱和务实精神。程门弟子谢良佐贬责张载的弟子是"溺于刑名度数之间"，这恰好反映了程门教育内容的不足和张载教育内容的长处。

五、变化气质

张载在二重化的人性中找到了善恶的来源，又在宇宙本体的阴阳二气中找到了两层人性的来源，这样就沟通了人性与天道，为传统道德构建了最深厚的基础。他认为道德修养的目的在于变化气质之恶，返天地本然之善性，此即谓"尽性"。关于道德修养的方法，张载吸取了《中庸》所谓"自诚明"和"自明诚"、"尊德性"和"道问学"的区分，提出了两条途径：一是"自明诚"、"道问学"的过程，即由为学受教入手，达到"穷理以至于尽性"的过程（《语录·下》），他关于教育的目的、内容和教与学的原则方法，多是围绕着这一过程展开的；另一是"自诚明"、"尊德性"的过程，亦即由道德修养入手，达到"尽性以至于穷理"的过程《语录·下》。在这方面，他提了若干具体的原则方法。

（一）集义养气

张载十分推崇孟子存心养气的理论，认为变化"气质之性"，必须"集义"、"养浩然之气"。他说："动静不失其时，是时措之宜也，集义也，集义久则自有光明。"（《易说·下经》）什么是集义呢？集义就是"克己"（"义者，克己也。"见《理窟·学大原上》）。"克己"就是"以理义战退私己"（《易说·下经》），就是"寡欲"，而克己寡欲，是"反归其天理"的捷径。集义也是"积善"，"集义犹言集善也"。常积善，常克己，便能集义，"集义然后可得浩然之气"。如果一日不集，就一日减少，数日不集，就几乎丧失殆尽了。所以，"义须是常集，勿使有息，故能生浩然道德之气"。（《理窟·学大原上》）人充实了浩然道德之气，气质就自然变化了。

（二）虚静恭敬

所谓"虚静"，就是虚心镇静，精神专注，这类似于荀子的"虚壹而静"。"恭敬"含有恭谨、肃敬等品质，他认为变化气质离不开虚静恭敬，如说："变化气质与虚心相表里"（《理窟·义理》），"心既虚则公平，公平则是非皎然易见，当为不当为之事自知"（《理窟·学大原上》）。"虚心"就能达到内心的"虚静"，不为外物所役，不为私欲所蔽，平心静气地衡量是非，权衡当为不当为之事。所以，"始学者要静以入德，至成德亦只是静"（《理窟·学大原上》）。因此，他强调虚静恭敬是内心修养的重要工夫，是形成道德意识，并由道德意识转化为道德行为以至于圣人道德境界的必要途径。从张载这一主张，多少可以看出理学家援佛入儒的痕迹。

（三）躬行践履

张载认为道德认识和道德行为是不可分割的。道德修养"不可徒养"，还要有"行"。因此道德修养固然是为了"修身"，但修身之目的则在于"修己以安人"（《正蒙·至当》），齐家、治国、平天下。这本来是儒家的一贯主张，张载提出躬行践履的道德修养论，无疑是有弘扬继承意义的。重视道德践行，是张载的风格，他聚徒讲学时，就与学生买田画井，以图复三代之治，返淳朴之风；任地方长官时，"政事以敦本善俗为先"，用自己的行为向人们宣扬如何养老事长和教育子弟，目的就是让人们在践行中提高道德品质。

六、当其可、乘其间

（一）"闻见之知"与"德性所知"

张载认为，人的感觉必有待于人与外界事物接触而产生，没有外界事物，就没有感觉。所谓"感亦须待有物，有物则有感，无物则何所感"，"人本无心，因物为心"（《语录·上》），说明了人的认识是以外界物质的存在为条件的。他提出了人对客观事物的认识是一个"内外合"的过程的见解，认为知识来源于主体对客体的认识（内外合）。但他又把知识及获得知识的道路分为两种："闻见之知"和"德性所知"。"闻见之知"是外界事物与耳目相接触而获得的知识，故谓之"外"；"德性所知"不是直接依靠感官接触外物（物交）而获得的知识，而是在闻见的基础上由"大心"或"内省"而得来的知识，故谓之"内"。人的认识必须"由内外之合"而成。如说："人谓己有知，由耳目有受也。人之有受，由内外之合也。"（《正蒙·大心》）据此，他认为人对事物的认识，既要依靠"闻见之知"，表现在教学上，就必须多闻、多见、博学；又要依靠"德性所知"，表现在教学上，就必须注重启发思维，多疑自得，求得把握客观事物的本质规律（理）。"闻见之知"与"德性所知"的知识论，是张载教学论的思想根源之一。

（二）因材施教发展智能

张载认为："教人至难，必尽人之材，乃不误人。"若教人"不尽材，不顾安，不由诚，皆是施之妄也"。（《语录抄》）教师在教学过程中，如果不能因材施教，不顾学生的内心要求，就不能使学生的智力才能得到充分发展，反而会误人子弟。那么，怎样因材施教呢？关键在于教师必须做到两"知"："知至学之难易，知人之美恶"（《正蒙·中正》）。就是说，教学内容有难易之别，学生的才能、志趣、接受能力又存在着差异，教师要对此了如指掌，以便从学生和教材两方面的实际出发，有针对性地进行教学。这是搞好教学的前提。不然，就很难掌握"谁可先传此，谁将后倦此"（《正蒙·中正》），难免出现教大者以小或教始学者以"大道"的错误。

（三）教而有序不可躐等

张载认为教学过程"虽不可缓，又不欲急迫，在人固须求之有渐"（《理窟·学大原下》）。因为教材的难易先后和学生身心的发展，都是"有序"的，这就要求教学也须坚持"有序"的原则，不可躐等而教。具体言之，当学生"玩心未熟"时，要先"求之平易"，不可"始求太深"，"若始求太深，恐自兹愈远"。(《语录·中》) 要照顾到学生的可接受性，不可"人未安之，又进之；未喻之，又告之"(《语录抄》)。要考虑到教材本身的逻辑顺序，不可"躁进"，"当以次，守得定，不可妄施"(《易说·上经》)。这一主张和现代教育心理学的循序渐进原则相吻合。

（四）主动适时因势利导

张载主张教学要"当其可、乘其间而施之"（《正蒙·中正》），就是说，当学生的知识、智力发展到可以接受一定程度的知识的时候，教师要不失时机，主动适时地进行教学，以使学生的学习趋向于教师所期望的目标。"当其可"可以从两方面理解：一方面，从学生的年龄特征和知识水平方面理解，"教者但观蒙者时之所及则道之"（《易说·上经》)，不应超越或错后学生身心发展的水平施教，否则，便会有损身心，事倍而功半。另一方面，从学生的自觉要求方面理解，教学最好是在学生自觉要求的基础上进行。如果学生缺乏这种自觉要求，教师的教学势必如水投石，"虽强告之无益"。相反，如果学生有这种自觉要求，教师却不因势利导，及时而教，也会挫伤学生的学习热情。怎样才能做到"当其可、乘其间而施之"呢？张载认为要像孟子说的"如时雨化之"那样，"时可雨而雨"，不要"待望而后雨"（《语录·下》)；要"不待彼有求有为而后教之"（《正蒙·中正》），不要待求而施之；要"不待问而告之，当其可告而告之"（《语录·下》)，不要待问才告之。这就要求教师善于观察，善于分析，清楚地了解学生会在哪些问题上对教师"有求"、"有问"，准确地把握他们的"可"是什么，"间"在何处，以便主动适时、机智灵活地进行教学。

（五）善于启发注重自得

张载主张在教学中要善于运用启发的原则，因为运用启发式教学，喻少而义明彻，言微而理至善，教师轻松而功倍，学生安逸而乐从。怎样进行启发教学呢？首先，应使"答问者必知问之所由"，待学生把问题都充分讲明了，然后根据其所问意思言语竭尽问题的两方面为之分析、解释，使之明晓。其次，运用启发的目的，在于培养学生自己求求知识的能力，所以，教师回答学生问题时，必时时诘难、辩驳，引导学生自求通达；或与学生商量讨论，启发他接近真理、发现真理。不然的话，"学者则惰，教者则渎，两失之矣"（卫湜《礼记集说·学记》引），于教师、学生都没有益处。

七、先志、多疑、力行

张载还提出了学习的原则和方法。

（一）立志

张载认为"立志"是学习的先决条件，是"始学之良术"。因此，为学首先要立志（"士先志"），有了"坚勇"远大的志向，才会有"刚决果敢以进"的学习精神，取得学习的成功。（《理窟·学大原下》）

（二）慕学

兴趣是学习之母，张载十分重视培养学生浓厚的学习兴趣，发展他们追求学问的向慕之心。如他说，如果能够使学生在求学之初，就对学习向慕不已，相信其中必有极富美的珍宝，非获得不可，学习就必然会进步，再持之以勤勉以进的毅力，学习不会不成功。

（三）自得

张载不否认学习时"须得朋友之助"、教师的指导，但这些仅仅是外部条件，而人的学习之目的在长自己的知识，启自家心智，所以学习时一定要自凿孔穴，亲自体验，这样得来的知识才会句句踏实。

（四）博学

张载说："惟博学然后有可得，以参较琢磨。学博则转密察，钻之弥坚，于实处转笃实，转诚转信，故只是要博学。学愈博，则义愈精微。"（《理窟·气质》）只有博学才能有深刻的体会，更正确地进行比较、琢磨。如此，学愈博，理解得愈透彻，钻研得愈深，则愈能深刻地认识事物的本质特征，从而使义理更精微，学问更笃实。所以，他认为书不可不读，因为"不读书则终看义理不见"；读书少也不行，因为"读书少，则无由考校得义精"（《理窟·义理》），故必须博览多读。

博学还须多见。他说："见物多，穷理多，如此可尽物之性。"（《语录·上》）他反对那种孤陋寡闻、浅尝辄止、懒于博学的学习态度，主张"取益于众"，广采诸家，博览多见，进而穷理尽性，并以此教育学生，要求自己。

（五）多疑

博学而无疑，无进步可言；学则须疑，才有提高。所以，张载很注意教育学生在学习过程中要动脑筋，求疑难之所在。他说："在可疑而不疑者，不曾学，学则须疑。"（《理窟·学大原下》）不但要在可疑处求疑，还须在看来没有疑义的地方求疑。"于不疑处有疑，方是进矣。"（《理窟·义理》）因为在无疑处能够提出问题，是对知识进一步融会消化的结果。他认为学习的目的就在于"释己之疑，明己之未达"（《理窟·义理》），做到对知识彻底的融会贯通。

张载论学习过程中的多疑大致有三个递进的层次和与之相联系的两种方法。三个层次，即"在可疑处有疑"——"于不疑处有疑"——"释己之疑"；两种方法：一是精思，二是善问。这实际上也是一个由存在问题到发现问题再到解决问题的认识逐步深化的过程。这个过程反映了学习与疑问、博学与多疑及疑与问、疑与思的辩证关系，揭示了学习过程中认知活动的规律性。

（六）精思

疑问来自思考，不思则无疑；思考为疑问所使，有疑则思。如此相互作用，终必多疑精思。所以，张载在提出多疑之后，又提出精思的学习主张。

他认为，通过精思，可以使在"义理有疑"处，"濯去旧见，以来新意"（《理窟·学大原下》）；通过精思，可以使无疑处有疑，有疑处无疑，取得学问上的长进。因此，他教导学生学问有疑时，"须是思虑，但使常游心于义理之间"（《理窟·气质》），这样才能释己之疑，心中"有所开"，提出新见解。倘若"不思，则还塞之矣"（《理窟·学大原下》）。他勉励学生要仔细思考，反复玩味，摒弃尽信书和食古不化的学习态度。

（七）牢记

张载很重视知识的巩固。他从自己的治学经验中总结出许多有效地牢记知识的方式，主要有：（1）诵记。张载教导学生"书须成诵"，"经籍亦须记得，虽有舜禹之智，吟而不言，不如聋盲之指麾。故记得便说得，说得便行得。故始学亦不可无诵记"。（《理窟·义理》）始学之人，宜先诵记（机械识记），在诵记的基础上，再"推究事理"，思而记。这是符合记忆心理学原理的。（2）札记。张载说："学者潜心略有所得，即且志之纸笔。以其易忘，失其良心。"（《理窟·义理》）读书时偶有心得，就应立刻笔记下来。这样既可防止遗忘，巩固记忆，又可进一步积累和扩充知识。所以张载主张，"心中苟有所开，即便札记"（《理窟·学大原下》）。张载就是善于做札记的大师，据《二程语录》载：张载著《正蒙》时，"处处置笔砚，得意即书"。（3）温故知新。他说："温故知新，多识前言往行以蓄德，绎旧业而知新益，思昔未至而今至，缘旧所见闻而察来，皆其义也。"（《正蒙·中正》）温故知新不仅在于帮助记忆，而且在于"濯去旧见，以来新意"。张载这一观点，精辟而独到，是对孔子这一观点的发展。

（八）力行

张载认为凡人求得知识，必须见诸行。所谓"闻斯行，好学之徒也"（《正蒙·中正》）。如果见而知其善，自己不去践行，仅仅较不知之人稍胜一等。他认为，人虽有"生知"、"学知"、"困知"的差别，如能分别从"安行"、"利行"、"勉行"去努力，同样可以达到成功的地步。（《正蒙·中正》）学习的目的全在于应用，应用又可以更好地理解和巩固所学的知识，提高分析问题和解决问题的能力。所以，力行也是学习的一种极有效的方法。

总之，张载作为北宋时期杰出的思想家、教育家，在长期的教育实践中，积累和创立了许多极其宝贵的教育经验和理论，对于当时的二程及后来的朱熹、王廷相、王夫之及关学后学都产生过重大影响。

程颢、程颐的教育思想

一、生平及著作

程颢（1032—1085），字伯淳，世称"明道先生"。程颐（1033—1107），字正叔，世称"伊川先生"。两人是亲兄弟，家居河南洛阳，出身于仕宦家庭。二程十四五岁时拜周敦颐为师，他们的思想渊源于周。

程颢二十六岁中进士，其后历任鄠县主簿、晋城县令、太子中允、监察御史里行等职，政绩颇著。他热心教育，每于公私完毕，即亲往四乡，督教劝学。教师有不称职的，立为更调。四十多岁时，以父亲年老多病为由，回家乡与弟程颐一同讲学。《宋史·程颢传》记载他与程颐在洛阳讲学时，"教人自致知至于知止，诚意至于平天下，洒扫应对至于穷理尽性，循循有序"，说明了二程教学的特点。哲宗初年，司马光辅政，召程颢为宗正丞，未行而卒，终年五十四岁。

程颐十八岁时，即上书朝廷，劝仁宗黜世俗之论而施行王道。后入太学为太学生。其时胡瑗正在太学任国子监直讲，以"颜子所好何学论"试诸生，得程颐文大为赏识，即延见授以学职。因其才学超群，同窗吕希哲首以师礼事之。二十六岁时，学业虽有成就，但举进士不第，从此不习举业，专以讲学传道为己任。程颐一生"力学好古，安贫守节"，不好做官。五十四岁时，才被召为崇政殿说书，为宋哲宗讲授经学。六十岁后两度主管西京国子监，由于元祐党案，又两次被贬流放。晚年又回洛阳讲学，到大观元年（1107 年）九月，卒于家中，终年七十五岁。

二程的一生是理学家的一生，是教育家的一生。在学术上，二程致毕生精力于研倡理学，被称为宋明理学的奠基人，为宋代四大学派之一——洛学的开山祖师。在教育上，二程一生以聚徒讲学为己任，伊洛河流域遍布了他们的足迹。仅在这一带讲学的地方就有洛阳、履道坊、龙门山胜德庵上方寺、龙门香山寺、伊皋书院等处。二程兄弟在这些地方讲学传道，声望很高，加之他们热衷教育、诲人不倦，虽有家贫疏食不继之日，但无遣散门徒辍讲之时，故士子从其学者，不绝馆舍，不远千里，"渊源所渐，皆为名士"。据《宋元学案》记载，程氏门人中知名的就有吕大临、贾易、朱光庭、游酢、杨时、谢良佐、侯代圣、尹焞等人。吕大临、杨时、谢良佐、游酢世称"程门四先生"。宋代理学的集大成者朱熹也是程颐的"四传弟子"，他把二程的学说（主要是伊川之学）发展到最高峰，故史有"程朱理学"之说。

二程著作甚丰，后人辑有《二程全书》。其中包括《遗书》

《外书》《明道文集》《伊川文集》《伊川易传》《程氏经说》《程氏粹言》等，而以程颐的言论和著作居多数。近年有中华书局版《二程集》行世，比较完整，是研究二程教育思想比较可靠的资料。

二程同受封建家庭教育的影响，又同出于濂溪之门，在政治上都反对王安石的新政，在学术上同为理学的创始人，哲学观点和教育思想基本一致。正如程颐所说："我昔状明道先生之行，我之道盖与明道同。异时欲知我者，求之于此文可也。"（《伊川先生年谱》）不过，就二人在学术和教育上的造就和影响来说，程颐较程颢更大。以下就以介绍程颐教育思想为主，兼介程颢教育思想。

二、"天理之性"与"气质之性"

"变化气质"是二程对教育功能的认识。这一认识是建立在他们的人性论观点之上的。

在人性论方面，二程认为，人和万物一样，都是天生的；人和人也一样，都是天生的。所以有"圣人"和"愚人"的差别，这是因为各自所禀受的"气"各不相同。"五行之秀，乃生圣人。"（《遗书》十五）"圣贤"所禀受的是"清气"，"愚人"所禀受的是"浊气"。所谓"性出于天，才出于气。气清则才清，气浊则才浊"（《遗书》十九）。人既然同为天生，又禀受着不同的气，用不同的材料做成，所以人性也就有两重："天理之性"和"气质之性"。"天理之性"是自然界和人类社会最高的精神实体"天理"的体现，故它是无不善的；"气质之性"是由清浊不同的气所生成，故有有才与不才、善与不善的差别。如程颐说："性无不善，故有不善者才也。性即是理，理则自尧舜至于涂人，一也。"（《遗书》十八）可见，二程把人性区分为两重，一方面，是希图在区分中"体贴"出"天理"的存在，为理学教育指示前途——发扬天理善性，培养大贤大德的圣贤；另一方面，又在区分中来寻找恶的根源。人在先天禀得至浊之气而生必然为恶，而在后天又不知变化"气质之性"，反倒常为物欲诱惑、蒙蔽，至于为恶而不自知。正所谓"人之为不善，欲诱之也。诱之而弗知，则至于天理灭而不知返"（《遗书》二十五）。因此，人要成为善人而不为恶人，最要紧的是"灭人欲而存天理"。"灭私欲则天理明矣。"（《遗书》二十四）

怎样才能"灭人欲而存天理"呢？二程主张通过教育的功能来实现，通过教育为学来改变导致人为恶的"气质之性"来实现。如程颐说："惟理可进，除是积学既久，能变得气质，则愚必明，柔必强。"（《遗书》十八）又如程颢所说，人的"气质之性"犹如污泥浊水一样，必待教育之功方能使清。因为"气质之性"为外物引诱不知归返而为恶，故必有待于教育，才能使已放之心，复入身来。所以程颢说："圣贤千言万语，只是欲人将已放之心，约之使反，复入身来，自能寻向上去，下学而上达也。"（《宋元学案·明道学案》）

二程反对"生而知之"的人就可以不学的观点，指出："人初生，只有吃乳一事不是学，其他皆是学，人只为智多害之也。"（《遗书》十九）二程也不承认有不可改变的"上智与下愚"，指出天赋禀性是可以改变的，唯在后天是否肯学和受教育。只要肯学，乐意受教，不自暴自弃，则"下愚"必定能变为"上智"；相反，如果自暴自弃，懒于学习受教，即使是"上智"也会变为"下愚"。据此，二程进而提出"学至气质变，方是有功"（《遗书》十八）的命题。这些观点，都充分论证了教育的功能。

三、求得圣人之道

二程主张教育的目的在于学为圣人，求得圣人之道。因为"圣人循天理而欲万物同之"（《遗书》五）；圣人以天地为心，仁民而爱物，是天理善性的完美体现者；圣人之志就是"止欲老者安之，朋友信之，少者怀之"（《遗书》二上）。故二程说："言学便以道为志，言人便以圣为志。"（《遗书》十八）"人皆可以至圣人，而君子之学必至于圣人而后已。不至于圣人而后已者，皆自弃也。孝其所当孝，弟其所当弟，自是而推之，则亦圣人而已矣。"（《遗书》二十五）怎样才能学至圣人，求得圣人之道呢？二程认为圣人之道即天道，即天理，理即性，性即心，所以必须从心与性上着力用功以得之。所谓"凡学之道，正其心，养其性而已。中正而诚，则圣矣。君子之学，必先明诸心，知所养，然后力行以求至。所谓自明而诚也。故学必尽其心。尽其心，则知其性，知其性，反而诚之，圣人也"（《文集》八）。二程所谓自明而诚、问学受教而至于圣人的主张，是坚持儒家一贯的思想路线。二程企图通过教育和学习来造就具有高尚品德的人，这一点是应该肯定的，而且他们主张教育目标的实现要有阶段性，要始乎为士，终乎为圣人，这在现今是有参考价值的。

此外，二程还提出"教民"的主张。如程颐说："民可明也，不可愚也；民可教也，不可威也；民可顺也，不可强也；民可使也，不可欺也。"（《遗书》二十五）这种重视教民的思想，比之封建统治阶级的愚民政策，是极具进步意义的。

四、穷经以致用

教育内容是由教育目的决定的。既然二程主张以学至圣人，求得圣人之道为教育目的，那么，他们的教育内容也就必然以所谓"圣贤之学"为主。这些"圣贤之学"是什么呢？《宋史·程颢传》说，程颢"慨然有求道之志。泛滥于诸家，出入于老、释者几十年，返求诸六经而后得之……教人自致知至于知止，诚意至于平天下，洒扫应对至于穷理尽性，循循有序"。《宋史·程颐传》又说，颐之为学，"以《大学》《语》《孟》《中庸》为标指，而达于《六经》"。可知，二程的教育是以"四书"和"六经"为主要内容。

所以如此，是因为在二程看来，《大学》于诚意正心皆言"其道"。（《粹言》卷一）"大学之道在明明德，明此理也。"（《遗书》十二）也就是说，《大学》提出了明明德、亲民、止于至善的三纲领和格物、致知、诚意、正心、修身、齐家、治国、平天下的八条目，因而是学者进德修业的必修科目。"中庸，天理也。不极天理之高明，不足以道乎中庸。"（《粹言》卷一）因此，对于《中庸》一书，应"极索玩味"，仔细研读。而学者读书，宜先读《论》《孟》。因为"穷得《论》《孟》，自有个要约处，以此观它经，甚省力。《论》《孟》如丈尺权衡相似，以此去量度事物，自然见得长短轻重"（《遗书》十八）。一言蔽之，《论》《孟》和《大学》《中庸》一样，通贯着"天理"、"天道"。所以，二程主张要用"四书"来教学生，治天下，稳定社会秩序。这就是他们所谓的"穷经以致用"（《遗书》四）。

二程把"四书"并行，作为理学教育的内容，是继董仲舒建议罢黜百家、表彰六艺之后，教育史上又一重大事件。自董仲舒的建议之后，五经立于学官，在教育内容上一直占据主要地位。由二程始以"四书"并行起，到朱熹作《四书集注》，"四书"风靡于世，在经书中取代了"五经"，成了古代教育的经典和主要内容。

"四书"之外，二程还一再强调要读"六经"。他们认为："学之兴起，莫先于《诗》。《诗》有美刺，歌诵之以知善恶、治乱、废兴。《礼》者所以立也，'不学礼无以立'。乐者所以成德，乐则生矣，生则恶可已也？恶可已，则不知手之舞之，足之蹈之也。"（《遗书》十一）而《易》是专言"变易以从道"的，《书》又是"载道之文"，《春秋》也是专言"穷理之要"的，故"学者不观他书，只观《春秋》，亦可尽道"（《遗书》十五）。二程主张学习"六经"，是为了达到"明人伦"，至于"圣人"的崇高境界。

五、养正于蒙，各因其材

（一）养正于蒙

程颐在训释《易》的"蒙"卦"象"辞的"蒙以养正，圣功也"中说："未发之谓蒙，以纯一未发之蒙而养其正，乃作圣之功也。发而后禁，则扞格而难胜。养正于蒙，学之至善也。"（《伊川易传》卷一）程颐这里所谓的"蒙"，一是指尚不明事的幼童，我国教育史上有"蒙养"、"发蒙"、"训蒙"、"启蒙"、"蒙学"等，皆源于程颐的这个训释；一是指事情未发的状态。据此可知，程颐主张对学生的教养，一方面要在"智愚未有所立"的童蒙时期就加以施行，使之走正道，这时期，"当以格言至论日陈于前"，做到"盈耳充腹"，所见皆善；另一方面，为了培养学生好的习惯和品质，必须坚持禁于未发的原则，把不良习惯和品质消灭在发生之前。在蒙养教育问题上，程颐的见解是很精辟的，但程颢讲得更彻底。程颢把当时的庠序乡党之教与古人的胎教和保傅之教加以比较，认为后者犹胜于前者。"古人自幼学，耳目游处，所见皆善，至长而不见异物，故易以成就。今人自少所见皆不善，才能言，便习秽恶，日月消铄，更有甚天理?"（《语录》卷二）所以，善教人者，胎婴为早，蒙养为先，禁豫为要。如果不重视幼儿的早期教育，就容易使其沾染上坏习气，等坏习气染上了，才去纠正，就不容易了。

（二）因材施教

二程在长期的教育实践中发现："西北东南，人材不同。"（《遗书》三）因此，他们很注意了解各地来求学的学生的不同性格特点、才能和旨趣，施以不同的教育。他们十分推崇孔子因材施教的做法，认为孔子弟子中"有以政事入者，有以言语入者，有以德行入者"（《遗书》十九），皆由于孔子教人的时候，认真了解和分析了每个学生的才资和兴趣，并注意在教育教学中充分发展这些特点所致。程颐还从孔子教人的经验中，总结出"孔子教人，各因其材"的结论。"因材施教"一语，就始于程颐此说。

程颐注重在教育、教学中根据学生个性柔缓刚急各不相同的差异，施以方法各异的教育。所谓教育教学要"或因人材性，或观人之所问意思而言及所到地位"，要对"强猛者当抑之，畏缩者当充养之"。（《遗书》十八）这种因其材性分别陶冶的方法是很可贵的。

（三）愤启悱发

二程主张教学要重视培养学生独立思考的能力和自动钻研的精神，反对专事注入的被动教学；认为教师施教，必待学生有愤愤以求的内在动机和跃跃欲试的外部情态，然后乘机启发，才能收到好的教学效果。教师对学生提问，必须要求他们反复思考，自求通达，以培养分析和解决问题的能力。所谓"'不愤不启，不悱不发'，待其诚至而后告也。'举一隅，不以三隅反，则不复也'，既告之，必待其自得也。愤悱，诚意见于辞色也"（《经说》第六）。这里，二程强调愤悱状态，强调诚意于色，可谓他们的独到处。启发教学的目的在于使学生"自得"；在于教师"举其近"，而学生则"知已远矣"；在于"告诸往而知来者"。（《遗书》十一）这一见解，也是极有价值的。

此外，二程还提出过寓教于乐、适时教学、循序渐进、相观而善等主张，兹不赘述。

六、穷天理、守天理、行天理

二程主张的学习内容就是《论语》《孟子》等儒家经典，就是"圣人"的"天理"；学习的步骤就是"格物致知"——穷天理，"主敬集义"——守天理，"行所知"、"见乎行事"——行天理。要完成这样的步骤，需要有远大的志向、好学不懈的精神和专心一志、深思自得的方法与之配合。而这些方法步骤又无一不是二程所宣扬的道德修养的方法步骤。故这里权且将两方面合起来简述如次。

（一）格物致知

二程主张修养为学必须致知，不致知则不能造道成学，所以，致知是修养学习的方法步骤的第一要旨。但是，"今人欲致知，须要格物"（《遗书》十七）。何谓"格物"？"格物"即是"穷理"。所谓有形的物，可指的事，无形的观念，近诸一身之中，远至天下宇宙，皆为理所包容，皆是所格的对象、所穷的范围。怎么穷究呢？二程认为"一人之心即天地之心，一物之理即万物之理"（《遗书》二上）。所以，"格物穷理，非是要穷尽天下之物，但于一事上穷尽，其他可以类推"（《遗书》十五）。先于一事一物上穷尽，然后以此类推，此近于演绎法。但是，"人要明理，若止于一事物上明之，亦未济事，须是集众理，然后脱然自有悟处"（《遗书》十七）。求一物而万殊通，虽闻一知十的颜子也不敢谓其能，"须是今日格一件，明日又格一件，积习既多，然后脱然自有贯通处"（《遗书》十八）。格众物，多积习，这近似于归纳法。

或演绎，或归纳，或二者并用，目的在于积习多后而脱然领悟"天理"。

格物穷理之着手处也多："或读书，讲明义理；或论古今人物，别其是非；或应接事物而处其当，皆穷理也。"（《遗书》十八）通过这些方法，达到物格而后知至，知至而后意诚，意诚而后身修，直至家齐、国治、天下平。这就是由追求知识的范围，进入道德践履之领域。这是理学教育的鲜明特点。

二程又认为"天理"是人心中固有的，因为人自己不能认识，才必须用"格致"之工夫。所谓"致知在格物，非由外铄于我，我固有之也"（《遗书》二十五）。所以只要人加强道德修养，便可达到"理与己一"的境界，然后便能以己度物，类推一切了。

（二）主敬集义

二程在修养和进学方面极重视"敬"的工夫，如说："入道莫如敬，未有能致知而不用敬者。""涵养须用敬，进学则在致知。"（《遗书》十八）什么是"敬"呢？"所谓敬者，主一之谓敬。所谓一者，无适之谓一。"（《遗书》十五）主一无适，指心有所主，不稍微放松。若能"敬以直内"地涵养深厚的诚敬之心，使之逐渐趋于无欲无我的境界，这便是达到了"诚"。"诚"的境界亦即"理"的境界。一个人从心内做到了"诚"，便是完全做到了"敬"，便可"无外诱之患"，言行举止自然中理。如果不敬不诚，则"私欲万端生"，就难于明"天理"和守"天理"了。故"入道以敬为本"（《粹言》卷一）。

主敬之外，还须"集义"，以权衡事理，期处事得宜。如程颐说："敬只是持己之道；义便知有是有非，顺理而行，是为义也。

若只守一个敬，不知集义，却是都无事也。"（《遗书》十八）程颢也说："敬以直内，义以方外，敬义立而德不孤。"（《遗书》十一）由此可知，主敬与集义，是二程为学和修养方法的要领，是他们的基本教育主张。以敬为主，以义助之，敬义夹持，培养守理循道的人格。这对古代教育思想领域影响是很大的。

（三）循理而行

二程认为学取知识，求得"天理"，不只要"守得定"，更须"见于行"。如果"闻斯"而不"行"，仅比无知之徒稍胜一筹；"识必见于行"，乃为至圣之功。因为"始于致知，智之事也；行所知而极其至，圣之事也"。（《粹言》卷一）故此，二程教导学生，"力学而得之，必充广而行之。不然者，局局其守耳"（《粹言》卷一）。为学修养强调"致知"和"力行"两个方面，这是儒家一贯的教育主张。不过二程在这个问题上有其新见解，首先，他们以为"未有知之而不能行者。谓知之而未能行，是知之未至也"（《粹言》卷一）。"学者固当勉强，然不致知，怎生行得？勉强行者安能持久？除非烛理明，自然乐循理。"（《遗书》十八）说明知之至就必能行，强调了知在行先和"学以知为本"。二程强调"致知"的极端重要性，目的在于勉人学为圣人，求得圣人之道。其次，他们提出"非特行难，知亦难也"的命题，对古人"知之非艰，行之惟艰"的说法，持保留意见。如二程说："子曰：古之言'知之非艰'者，吾谓知之亦未易也。今有人欲之京师，必知所出之门，所由之道，然后可往。未尝知也，虽有欲往之心，其能进乎？后世非无美材能力行者，然鲜能明道，盖知之者难也。"（《粹言》卷一）其实，这种见解是要求"行"要以

"知"为前提，即"行"须循着"天理"的规范。

（四）好学日新

二程十分重视激励学生好学。在他们看来，即使"生知"的圣人也需要学，于常人更需要学。因为人出生以后，只有吃乳一事不是学，其他皆要学，不然，便无以明"天理"，无以至"圣人"，纵使圣人复出，亦无济于事。既如此，那就应学而不已，不可一日或舍。一日或舍，便生懈怠。若"懈心一生，便是自暴自弃"（《宋元学案·伊川学案》）。

求学穷道，既须好学不懈，又须求新立异，不可墨守从前所见。要常觉今是而昨非，求得日新日进。如说："学者求有益，须是日新"（《遗书》十九），必日新而日进，唯有日新然后能日进，不日进便必日退，未有不进而不退者。这些见解是很精辟的。

（五）专心一志

好学日新，固然可贵，但好学而不专的人，必不如专门之夙习的人。若心志不专一，则将一事无成。故为学须专心一志，切勿三心二意。二程所谓专心一志，一是指专一于学道，不要在学道的同时去涉猎"异端"。如说："君子之学贵乎一，一则明，明则有功。"（《遗书》二十五）怎样做到专一呢？二程主张摒弃当时学者或溺于文章、训诂，或惑于异端的驳杂学风，要尽弃异学，独尊儒术。只有这样，才能识得天理，求得孔孟不传之学，"使圣人之道焕然复明于世"（程颐《明道先生行状》）。二是指学习时要专心致志，不要心不在焉。如二程说："涵养须用敬"，所谓"敬"就是"主一"，就是"系心于一事"（《粹言》卷一），既不或东或西，也不忽此忽彼。若心不主一，则杂念纷至沓来，何谈学道呢？就学习的态度和方法而言，二程这一主张是很有价值的。

（六）深思自得

二程认为读书是为了"穷理"，而"穷理"无论何人，必须经过自己思虑然后能得。因为得是向内求，不是向外求，是在己而不在人的，这就要求学者要深思熟虑，自求自得。以为学习可以无思无虑而得者，未之有也。如程颐说："为学之道，必本于思，思则得之，不思则不得也。故《书》曰：'思曰睿，睿作圣。'思所以睿，睿所以圣也。""学莫贵于自得，得非外也，故曰自得。"（《遗书》二十五）自得不是靠多接于外物、多闻多见而得，而是靠内心的体验，靠一个劲儿地向内思而得。"大凡学问，闻之知之，皆不为得，得者，须默识心通。"（《遗书》十七）在思虑的方法上，二程一方面主张要善于灵活转移自己的思维路线，"若于一事上思未得，且别换一事思之，不可专守著这一事"（《遗书》十八）；另一方面又主张，思维要不假见闻、不接外物、不必外求，只须"近取诸身"，"敬守此心"、内思内求。这种主张，看似玄乎，实则完全把学习和思考，变成内心修养的工夫。

总之，二程的教育思想从功能论到方法论都体现着服从和服务于"理"的精神。通过教育的力量改变人的"气质之性"以复天理；用教育来培养圣人以行天理；教学孔孟之道、"四书"、"六经"以穷天理；学习和修养也是为了穷天理、守天理和行天理。这是其教育思想的特色。

第
四

朱熹的教育思想

一、生平及教育活动

朱熹（1130—1200），字元晦，又字仲晦，号晦庵。祖籍徽州
婺源（今江西省婺源县），生于福建南剑尤溪城外毓秀峰下，故
后人又称其为闽人，称其学派为"闽学"。他是南宋时期著名的
思想家、教育家，宋代理学之集大成者。他也是宋以后一位重要
的哲学家、影响深远的教育思想家。

朱熹年轻时聪颖过人，求知欲强，学无常师，出入经传佛老。
十九岁中进士，二十二岁被任命为泉州同安县主簿。卸任后，潜
心于儒学。三十至五十岁期间，他挂职宫观，即有薪而无事的闲
官，主要从事讲学和著书立说，先后在建阳天湖寒泉坞建立寒泉
精舍，在武夷山五曲建立武夷精舍。这期间，他的学术思想进一
步成熟，理学思想体系逐渐形成，写了《西铭解义》《太极图说

第
四
朱
熹
的
教
育
思
想

49

解》《伊洛渊源录》《论语集注》《孟子集注》等，奠定了其理学思想的基础。五十一岁时，他第二次出任地方官。宋宁宗即位（1195 年），他被召为焕章阁待制兼侍讲，由于统治集团内部的权力斗争，仅四十天即被免职，改任秘阁修撰，时年已六十六岁。不久回到福建建阳，在考亭（在建阳西南）建立竹林精舍，后更名为沧州精舍，仍从事教学活动。宁宗庆元二年（1196 年），当权的韩侂胄派斥朱熹为代表的理学为伪学。后又把朱熹等立为"伪学逆党籍"。朱熹在朝野党禁声中死去。九年后，宁宗才"谥曰文"，称朱熹为"朱文公"，平反昭雪。

朱熹一生只做过闽、赣、浙、湘等地的地方官和担任过四十天的侍讲，其余大部分时间都从事私人讲学。即使在任地方官期间，也积极发展地方教育。如整顿同安县学，重修庐山白鹿洞书院。所订《白鹿洞书院揭示》，成为南宋以后各地方学校和书院共同遵守的学规。在漳州，首次刊刻《大学章句》《中庸章句》《论语集注》《孟子集注》，自此，《四书集注》流传社会，成为封建社会后期各级学校的必读教材。在潭州，修复岳麓书院，并亲自讲学，教诲诸生。据《朱子年谱》载："先生穷日之力，治郡事甚劳，夜则与诸生讲论，随问而答，略无倦色，多训以切己实务，毋厌卑近而慕高远，恳恻至到，闻者感动。""及邻郡数百里间，学子云集……坐席至不能容，溢于户外。"他平日教人，循循善诱，孜孜不倦，一日不讲学就一日不快乐，对学生有深厚的感情。他的学生黄勉斋编撰的《朱子行状》说："从游之士，迭诵所习，以质其疑；意有未喻，则委曲告之，而未尝倦；问有未切，则反复戒之，而未尝隐。务学笃则喜见于言，进学难则忧形于色。

讲论经典，商略古今，率至夜半。虽疾病支离，至诸生问辨则脱然沉疴之去体，一日不讲学，则惕然常以为忧。"

朱熹著述甚多，涉及哲学、史学、经学、文学、乐律、辨伪、自然科学等领域。在教育方面有《小学》《童蒙须知》《近思录》《四书集注》《资治通鉴纲目》等，对封建社会后期的教育产生过重大的影响。后人把他的著述辑为《朱文公文集》一百卷，后人还编有《朱子语类》一百四十卷。

朱熹生活在民族矛盾和阶级矛盾交相激化的时代，他始终站在维护中华民族的团结统一和传统文化的继承与发展这一基本立场上进行政治、教育和理论活动。他以孔孟之道的正统自居，并综合了北宋以来的各派学说，包括濂（周敦颐）、关（张载）、洛（程颢、程颐）等，还吸取了佛、道思想，在程颐的"道即理"的思想基础上，对先秦以来的教育思想和实践，作了系统的总结和改造，建立了完整的教育思想理论体系。程颐、朱熹的理学体系，世称程朱学派。南宋以后，程朱学派的教育思想被提到儒学的正宗地位，对后世产生了深远的影响。

二、理、气、性

朱熹承继张载、二程的思想，并加以加工和发展，形成了一个比较精致的哲学体系。他的教育功能论就是从他的理学思想体系出发论述的。

（一）"理"与"气"

朱熹认为，"天地之间，有理有气。理也者，形而上之道也，生物之本也。气也者，形而下之器也，生物之具也。是以人物之生，必禀此理，然后有性；必禀此气，然后有形。"（《朱文公文集》卷五八，下引此书简称《文集》)，又认为"然理终为主"（《文集》卷四十九）。他的意思是说，天地万物的生成，要有理也要有气。理是万物产生的本原，气是构成万物的材料。

"理"究竟指的是什么呢？他认为"理""超然于万有之上，广大无边"，"理"充塞于宇宙，无处不在。他把"理"和封建伦理道德联系起来，认为"理"就是"仁义礼智"。"未有君臣，已先有君臣之理"，"万一山河大地都陷了，毕竟理却是在这里"，"纲常万年，磨灭不得"。（《朱子语类》卷一，下引此书简称《语类》）可见他的"理"，即是独立于自然界之外的绝对精神，就是"道"。这些关于"理"的理论，归根到底是为了维护传统社会秩序。

"气"究竟指的是什么呢？他说："气则为金木水火"，"五行阴阳七者滚合，便是生物底材料"，也就是"器"。但"理"和"气"是不可分离的。"天下未有无理之气，亦未有无气之理。""理未尝离气"，"理又非别为一物，即存于是气之中。无是气，则是理亦无挂搭处"。（《语类》卷一）理是气的本体，气是理的体现。

理和气的关系，也就是精神与物质的关系。虽说是不可分离，但"理气本无先后之可言，然必欲推其所以来，则须说先有是理"（《语类》卷一），"有是理，方有这物事，如草木有个种子，方生出草木"（《语类》卷十三）。在未有天地之先，毕竟只有一个"理"。有这"理"，便有天地，便有"气"的流行和事物的发育；如果没有这"理"，便没有天地和人类万物，一切都不存在了。在他看来，"理"是先于物质而永恒独立存在的绝对精神，物质世界和人类是由"理"这个绝对精神派生的。这就明确地表达了他的观点：理在先，气在后；理为本，气为末；理生气。理是第一性的、原始的，而气是第二性的、派生的，如同草木从种子中派生出来一样。气的存在依赖于理，而理的存在却不依赖于气。

（二）性即理

朱熹认为宇宙的本原只是一个理，人禀受理这就是人性，所以他说："性只是理，以其在人所禀，故谓之性。"（《文集》卷五十九）性和理是一个东西，"性即太极之本体"（《周子全书》卷一）。性即是"万物之原"。二者的区别只是：理是"无人身的理性"，而性是有躯壳和形象的精神。

朱熹又说："性者人之所受乎天者，其体则不过仁、义、礼、智之理而已。"（《朱子四书或问》卷十四）既然他以"性"的内涵为"仁、义、礼、智"，那么从本质上讲，他以"性"为"善"。但朱熹没有停留在孟子的"性善论"水平上，而是总结了先秦以来关于人性论的论争，展开了关于"天命之性"与"气质之性"的论证。

（三）"天命之性"与"气质之性"

既然是"性即理"，那何以人性却又有种种的不同呢？为了回答这个问题，朱熹继承了张载和二程关于"天地之性"和"气质之性"的观点，并有所发展。朱熹认为人是"理与气合"的产物。人禀受天理就有"天命之性"（又称"天地之性"、"义理之性"或"道心"），禀受气质则产生"气质之性"（也称"人心"）。"论天地之性，则专指理言；论气质之性，则以理与气杂而言之。"(《语类》卷四)故"天地之性"是浑然至善,人所皆同的,而"气质之性"有善有恶,由每人所禀受的气有昏明清浊的差异而定。

朱熹认为"天命之性"与"气质之性"(即"道心"与"人心")是人人皆有的。"道心"、"人心"不是两个心,而是一个心的两个方面。他认为"道心"是从纯粹的"天理"发出来的,所以是至善的,即使下愚的小人也具有"天命之性",不能无"道心"。至善的"道心"常受形气的私情所蒙蔽,微妙而难显现。"人心"来自人的形体,是从具体的"气质"发出来的,可善可不善,即使上智的圣人也是由"理气"合生的,不能不具有"气质之性",所以不能无"人心"。"人心"对外界的反应产生过与不及的偏向,不容易适得其中,故危殆而不安。

(四)"明明德"与"变化气质"

朱熹认为,由于每人所禀受的气有昏明清浊的差异,"禀气之清者为圣为贤,如宝珠在清冷水中;禀气之浊者为愚为不肖,如珠在浊水中。所谓明明德者,是就浊水中揩拭此珠也"(《语类》卷四)。那些"资禀既偏,又有所蔽,须是痛加工夫,人一己百,人十己千"(《语类》卷四)。他们的气质昏了、偏了,所以"为学乃能变化气质耳"。

这也就是说,教育的功能并不是消灭"气质之性"(人心),而是"变化气质",发挥"气质之性"(人心)中先验的"善性"。按照"四德"、"四端"去做,便能使"人心"服从"道心",使"道心"支配、主宰"人心"。那么危殆的"人心"便能由危转安;微妙的"道心"便能由隐而显,进而得到完整的体现。这就达到了"复尽天理，革尽人欲"的作用。他说："圣贤千言万语，只是教人明天理，灭人欲。""学者须是革尽人欲，复尽天理，方始是学。"（《语类》卷十三）朱熹就是这样从理学的观点出发论述教育功能的："明明德"、"变化气质"，逐步达到"明天理，灭人欲"。

三、造就贤才，改善吏治

朱熹教育的目的是"学为圣人"。他引荀子的话告诫学生说："古之学者，始乎为士，终乎为圣人。"（《文集》卷七十四）关于"圣人"的规格，集中地表述在他手订的《白鹿洞书院揭示》（亦称《白鹿洞书院学规》）中。

"父子有亲，君臣有义，夫妇有别，长幼有序，朋友有信"为"五教之目"。朱熹把"五伦"概括为"五教"，"圣人"必须掌握"五伦"，即明道德伦理规范和宗法等级制度，他称之为"定本"。他说："舜使契为司徒，敬敷五教，即此是也。学者学此而已。"他认为为学的目的就是要讲明这个"义理"，应用于自己的道德修养与日常生活中，以便巩固传统礼义制度和社会秩序。

为此，他还规定"博学之，审问之，慎思之，明辨之，笃行之"为"为学之序"。这是把《中庸》的话，纳入他的理学教育思想体系。他说："学、问、思、辨，四者所以穷理也。"他把学、问、思、辨当做"格物致知"、研究"天理"的过程和步骤。至于"笃行"方面，他又规定了修养、处事、接物的要点。

"言忠信，行笃敬；惩忿窒欲，迁善改过"为"修身之要"。

"正其谊（义），不谋其利；明其道，不计其功"为"处事之要"。

"己所不欲，勿施于人；行有不得，反求诸己"为"接物之要"。

这是一个典型的以理学为指导思想的教育总纲领。它对于宋以后的各级各类学校的教育有深远的影响。

朱熹说："熹窃观古昔圣贤所以教人为学之意，莫非讲明义理，以修其身，然后推己及人；非徒欲其务记览、为词章，以钓声名取利禄而已也。"他认为教人为学与自己讲学问的目的不只是学得杂博的知识，做些华丽的文章，用以沽名钓誉，争权夺利，而是为了懂得做人的道理，修己治人。朱熹从这个观点出发，严厉批评了当时学校以科举为直接教育目的，乃是一种"干禄蹈利"、"忘本逐末"的教育，由是导致社会风俗败坏、人才衰乏。朱熹不是反对读经入仕，而是认为国家设立学校的最终目的，在于造就贤才、改善吏治。他主张培养人才"莫非讲明义理，以修其身，然后推己及人"，引导人们"遏人欲而存天理"，成为"圣人"和"醇儒"，然后"待朝廷之用"，而反对教人只是追逐做官食禄。

朱熹认为教育的目的在于改善"风俗日敝，人材日衰"的状况，使培养人才和选拔人才更有利于社会的长治久安。而且他也排斥实用的学问和农业技术进入各级学校，和同时代的事功学派陈亮、叶适的观点相对立。然后他反对官学教育和科举，认为其只诵读迷信章句和讲求应试词章之学，而不知"务本"，这在当时还是有积极作用的。书院教学中那种生动活泼的主动精神和刻苦钻研的学风，是和朱熹倡导的教育目的主张分不开的。他对当时学校教育和科举的批评也是中肯而深刻的，是切中要害的。

四、"小学"与"大学"

朱熹把人的一生，约略地划分为十五岁以前受小学教育和十五岁以后受大学教育两个阶段。他说："古之为教者，有小子之学，有大人之学。"（《经筵讲义》）他把小学教育和大学教育看做是统一的教育过程中相互衔接的两个阶段。他认为小学阶段的任务是"教以事"，"教之以洒扫、应对、进退之节，礼、乐、射、御、书、数之文"。（《大学章句序》）即向十五岁以下的少年儿童传授道德观念和培养训练他们的道德行为习惯。他认为大学阶段的任务是"教之以穷理、正心、修己、治人之道"（《大学章句序》），是"发明此事之理"，即在已经获得初步的道德观念和养成初步的道德行为习惯的基础上，进而讲明"义理"。

朱熹重视小学教育，他继承发展了北宋程颐、杨亿的思想。程、杨认为"圣人"、"醇儒"的培养应从人的童稚时代开始。朱熹也把小学教育比喻为"打坯模"的阶段："古者小学已自养得小儿子，这里定已自是圣贤坯璞了"；"古者小学已自暗养成了，到长来已自在圣贤坯模，只就上面加光饰"；"而今自小失了，要填补实是难"（《语类》卷七）。所以他认为小学教育要抓紧、抓好，"必使其讲而习之于幼稚之时，使其习与智长，化与心成，而无扞格不胜之患也"（《小学书题》）。杨亿曾提出采用"日记故事"形式进行教育。程颐提出创作"洒扫、应对、事长之节"的通俗诗歌，让儿童"朝夕歌之"，并伴以舞蹈，以激发兴趣，使之乐于接受。朱熹吸取了他们的思想，他广泛地从经传史籍以及其他论著中采集有关忠君、孝亲、事长、守节、治家等内容的格言、训诫、故事等，编辑成儿童道德教育用书，题为《小学》，广为流传。另一本他专为蒙童编写的是《童蒙须知》，书中就儿童在古代社会中的日常行为，分"衣服冠履"、"言语步趋"、"洒扫涓流"、"读书识字"以及"杂细事宜"等项，每项都作了细致的规定，内容比《小学》更加琐屑。他认为儿童从这些书的学习中，可以得到"做人的样子"，学到"事君事父兄等事"，培养"圣贤坯模"。其中也有些关于个人卫生、礼貌、读书、写字等良好习惯的要求。朱熹阐明了儿童教育的过程，开始是劝导性的，要求儿童朝夕刻意地模仿、执守，然后"积久成熟"，从模仿到"自成方圆"的转化，不需用心就自然而然地不越矩。他还提出用"铭"、"箴"之类的道德训诫、短语，制成条幅悬挂或雕刻在书斋、门户、盘盂等日用器具上，"欲其常接乎目，每警乎心而不至于忽忘也"。他认为正确的儿童教育应是"义理有以博其心，规矩有以约其外"，使儿童"习与智长，化与心成"。（《童蒙须知》）在这些方面其见解是深刻的。

朱熹主张儿童在十五岁以后，在"小学已成元功"的基础上，进入大学，受"大人之学"。所谓"大人之学"，"莫非讲明义理，以修其身，然后推己及人"，亦即格物致知的学问。如他说："致知云者，因其所已知者推而致之，以及其所未知者，而极其至也，是必至于举天地万物之理而一以贯，然后为知之至，而所谓诚意、正心、修身、齐家、治国、平天下者，至是而无所不尽其道焉。"（《答吴晦叔书》）在大学教材方面，他根据理学思想，对《论语》《孟子》《大学》《中庸》作了新注释，编成《四书集注》。他说：“读书先读《大学》，以定其规模；次读《论语》，以立其根本；次读《孟子》，以观其发越；次读《中庸》，以求古人之微妙处。”（《学规类编》卷五）然后再学“诗书礼乐”，读经书，最后读史书。他对史书，也是当做经书一样来看的。

朱熹认为小学教育与大学教育虽然是两个阶段，但目标和内容却是一致的。他说：“学之大小，固有不同，然其为道，则一而已。是以方其幼也，不习之于小学，则无以收其放心，养其德性，而为大学之基本。及其长也，不进之于大学，则无察其义理，措之事业而收小学之成功。是则学之大小所以不同，特以少长所习之异宜，而有高下、深浅、先后、缓急之殊。”“小学之事，知之浅而行之小者也；大学之道，知之深而行之大者也。”（《小学辑说》）他还说过：“小学者，学其事；大学者，学其小学所学之事之所以”，“是发明此事之理”。（《语类》卷七）小学教育是大学教育的基础，大学教育是小学教育的扩充和深究。从小养成了道德习惯，“久自安习，若固有之”，大学阶段再向理性认识提高，只有“知理之所当然”，才能“责其身以必然”，才能形成坚定的道德信念。这里已经注意到从儿童和青少年个性发展的心理规律来考虑教育阶段的划分。尽管这时期关于心理规律还不可能有科学的根据，但就研究的方向而言，是在向科学接近。

五、内外夹持，不失本心

（一）立志

朱熹认为学者首先要立志，树立明确高尚的志向。他说：“问为学工夫，以何为先？曰：亦不过如前所说，专在人自立志。既知这道理，办得坚固心，一味向前，何患不进。只患立志不坚，只听人言语，看人文字，终是无得于己。"（《性理精义》卷七）又说："书不记，熟读可记。义不精，细思可精。惟有志不立，直是无着力处。而今人贪利禄而不贪道义，要作贵人而不要作好人，皆是志不立之病。"（《性理精义》卷七）

所谓立志，即是树立要做尧舜或圣贤的目标。"学者大要立志"，"才学便要做圣人是也"，"所谓志者，不是将意气去盖他人，只是直截要学做尧舜"。（《语类》卷八）但一般自暴自弃的人，多半不能树立做圣贤的明确高尚的目的。他说："今之学者大概有二病：一以为古圣贤亦只此是了，故不肯做工夫；一则自谓做圣贤不得，不肯做工夫。"（《续近思录》卷二）自暴的人不屑做圣贤，自弃的人不敢做圣贤，这两种人都不能立志，所以都不肯做修养工夫。立志又要勇猛坚决，才会有进步。他说："学者立志，须教勇猛，自当有进。"（《语类》卷八）何谓勇猛坚决呢？就是如饥思食、如渴思饮的态度。所以他又说："立志要如饥渴之于饮食。才有悠悠，便是志不立。"（《语类》卷八）

朱熹认为志向要明确高尚、勇猛坚决，这样就有坚强的信心，何患不进？

（二）主敬

程颐曾说："所谓敬者，主一之谓敬；所谓一者，无适之谓一。"（《二程全书·遗书》卷十五）朱熹继承了程颐的思想，认为"主敬"包含以下几个意思。

第一，所谓主敬，是培养严肃的或不放肆的道德态度。朱熹说："敬是不放肆的意思。"（《续近思录》卷一）所谓"不放肆"，即是严肃谨守礼法的态度。所以他又说："敬只是收敛来"，"敬只是此心自做主宰处"。（《语类》卷十二）即是把放荡的心收敛起来，做一身的主宰，培养自我支配的能力。

第二，所谓主敬，是培养谨慎小心的道德态度。他说："敬只是一个畏字。"（《语类》卷十二）所谓"畏"，"如居烧屋之下，如坐漏船之中"（《语类》卷八）。可见"畏"是敬畏警惕的态度。

第三，所谓主敬，是培养精神专一或始终一贯的态度。他说："主一只是专一"（《语类》卷九十六），"敬者守于此而不易之谓"，"敬是始终一事"。（《语类》卷十二）

朱熹是十分重视主敬的工夫的，认为这是培养严肃的、谨慎的、一贯的精神态度，是贯穿在整个修养过程的始终的。所以他说："敬字工夫，乃圣门第一义。彻头彻尾，不可顷刻间断。"（《语类》卷十二）有人问："敬何以用工？"怎样做敬的工夫呢？他答道："只是内无妄思，外无妄动。"（《语类》卷十二）这是一句很扼要的话。

所谓"内无妄思"，即是念念存天理而去人欲。所谓"外无妄动"，即是在容貌、服饰、态度、动作上都要整齐严肃，"坐如尸，立如斋，头容直，目容端，足容重，手容恭，口容止，气容肃，皆敬之目也"（《语类》卷十二）。"内无妄思"，是潜伏的内心精神生活的控制；"外无妄动"，是显著的外在身体动作的支配。只要能支配身体的动作，便能影响内心的生活；反之亦然。外无妄动，便自然内无妄思；内无妄思，便自然外无妄动。他把这叫做"内外夹持"。他的这种主张，也吸取了佛教"入定"的因素。

（三）存养

孟子讲过"养心莫善于寡欲"、"操者存舍者亡"的思想。朱熹继承了孟子的思想，他从"性即理"的思想出发，认为道德修养必须注意把无有不差的"心"存养起来，要收敛其身心，使精神常集中在这里，而勿使失忘。他说："如今要下工夫，且须端庄存养，独观昭旷之原。不须枉费工夫，钻纸上语。待存养得此昭明洞达，自觉无许多窒碍，惩时方取文字来看，则自然有意味，道理自然透彻，遇事自然迎刃而解，皆无许多病痛。"（《宋元学案·晦翁学案》）所谓"存心"、"养心"，是专指心而言。从另一面说，就是不要失忘此心，"心若不存，一身便无主宰"，"圣贤千言万语，只要人不失其本心"（《朱子语类辑略》）。

但人的"心"中交杂着物欲和义理，因此朱熹认为"存养"就是要收敛此心，使它都安顿在义理上。"学者为学，未问真知与力行，且要收拾此心，令有个顿放处。若收敛都在义理上安顿，无许多胡思乱想，则久久自于物语上轻，于义理上重。"（《朱子语类辑略》）所以，有时他把存养和穷理联系起来："学者须是培养。今不作培养工夫，如何穷得理？"（《性理精义》）

（四）省察

朱熹认为："只是一人之心，合道理底是天理，徇情欲底是人欲，正当于平分界处理会。"（《语类》卷七十八）因此，一方面对天理来说，他主张立志、主敬、存养；另一方面对人欲来说，他提出"省察"的工夫。他同意他的学生的看法："凡人之心，不存则亡，而无不存不亡之时。故一息之顷，不加提省之力，则沦于亡而不自觉。"（《性理精义》）涵养对省察可以起推进作用：

"至于涵养愈熟，则省察愈精矣。"（《性理精义》）

"省"是反省，"察"是检察。所谓"省察"的工夫，就是要求学生对人欲之私意在"将发之际"和"已发之后"进行反省和检察。他说："谓省察于将发之际者，谓谨之于念虑之始萌也。谓省察于已发之后者，谓审之与言动已见之后也。念虑之萌，固不可不谨；言行之著，亦安得而不察。"（《性理精义》）

朱熹的"省察"工夫，即"求放心"的工夫。他认为不良环境及一切物欲蒙蔽以至于使精神昏昧，本然的善心丧亡，"道心"主宰、支配不了"人心"，"人心"却要主宰、支配"道心"。"省察"的工夫，即是随时清醒、谨慎从事，把违反天理的言行压抑掉，而且更要窒息这种思想在他们头脑中任何的萌芽。"省察"本心，揭去昏翳，使心中的"理"永远保持通明，这就是朱熹道德教育与道德修养的重要任务。

六、朱子读书法

朱熹认为为学首先是要穷理，要穷理必须读书。因为"天理"的精蕴全在圣贤的书中，因此读圣贤之书，是达到穷理的必经之途。他说："夫天下之物莫不有理，而其精蕴则已具于圣贤之书，故必由是以求之。"（《文集》卷五十九）这样读书就成为穷理的一个重要方面，穷理是读书的目的。故他说："学固不在乎读书，然不读书则义理无由明……若不读这一件书，便缺了这一件道理。"（《语类》卷一百二十）

唐宋印版书流行之后，书的数量越来越多，读书成为获得知识的主要途径，因此读书方法的研究也成为了一个重要课题。朱熹在关于读书的目的、态度，特别是读书方法等方面曾有过详细的阐发，形成了一套所谓"朱子读书法"。其中许多是他一生读书的心得体会和长期以来人们读书的经验总结，颇有一得之见。他的读书法在他的教育思想中占有重要的位置。宋人张洪和齐熙摘录朱熹论读书法的话编成《朱子读书法》一书，元人程端礼也编成一本《朱子读书法》，这两本书内容大同小异，都分六条，兹简述如下。以下引文均来自这两书，不再作标注。

（一）循序渐进

所谓循序，是遵循教材的客观顺序与学生的主观能力去规定学习的课程或进度；所谓渐进，是不求速的意思。依朱熹的看法，读书"以二书言之，则通一书而后及一书。以一书言之，篇、章、文、句，首尾次第，亦各有序而不可乱也。量力所至而谨守之，字求其训，句索其旨。未得乎前，则不敢求乎后；未通乎此，则不敢志乎彼。如是，则志定理明，而无疏易陵躐之患矣。若奔程趁限，一向趱着了，则看犹不看也。近方觉此病痛不是小事。元来道学不明，不是上面欠工夫，乃是下面无根脚"。

（二）熟读精思

所谓熟读，就是要把书本背得烂熟；所谓精思，即是反复寻绎文义。依朱熹的看法，"余尝谓读书有三到：心到、眼到、口到"。"荀子说，诵数以贯之。见得古人诵书，亦记遍数。乃知横渠教人读书必须成诵，真道学第一义。遍数已足，而未成诵，必欲成诵；遍数未足，虽已成诵，必满遍数。但百遍时，自是强五十遍时；二百遍时，自是强一百遍时。今所以记不得，说不去，心下若存若亡，皆是不精不熟之患。今人所以不如古人处，只争这些子。学者观节，读得正文，记得注解，成诵精熟，注中训释文意、事物、名件，发明相穿纽处，一一认得，如自己做出来底一般，方能玩味反复，向上有通透处。若不如此，只是虚设议论，非为己之学也。"

（三）虚心涵泳

所谓虚心涵泳，即以客观的态度，还古书的本来面目，并不执着旧见，接受简明平正的解说，而不好高骛奇、穿凿立异。依朱熹的看法，"庄子说，吾与之虚而委蛇。既虚了，又要随他曲折去。读书须是虚心，方得。圣贤说一字是一字。自家只平着心去秤停他，都使不得一豪杜撰。学者看文字，不必自立说，只记前贤与诸家说便了。今人读书，多是心下先有个意思了，却将圣贤言语来凑他的意思，其有不合，便穿凿之使合"。

（四）切己体察

所谓切己体察，即是读书时，使书中道理与自己经验或生活结合起来，并以书中道理去指导自己的实践。依朱熹的看法，"入道之门，是将自个己身入那道理中去，渐渐相亲，与己为一。而今人，道在这里，自家在外，无不相干。学者读书，须要将圣贤言语，体之于身。如克己复礼，如出门如见大宾等事，须就自家身上体复，我实能克己复礼，主敬行恕否？件件如此，方有益"。

（五）着紧用力

所谓着紧用力，即是以刚毅勇猛的精神去读书，以坚持到底而不懈怠的精神去读书。依朱熹的看法，"宽着期限，紧着课程。

为学要刚毅果决，悠悠不济事。且如发愤忘食，乐以忘忧，是甚么精神，甚么筋骨！今之学者，全不曾发愤。直要抖擞精神，如救火治病然，如撑上水船，一篙不可放缓"。

（六）居敬持志

所谓居敬，即是收放心，严肃认真与精神专一的态度；所谓持志，即是树立一个具体目标，或根据一个特殊问题去书中搜集及整理有关资料。依朱熹的看法，"程先生云，涵养须用敬，进学则在致知，此最精要。方无事时，敬以自持，凡心不可放入无何有之乡，须是收敛在此。及应事时，敬于应事，读书时，敬于读书：便自然该贯动静，心无不在。今学者说书，多是捻合来说，却不详密活熟。此病不是说书上病，乃是心上病。盖心不专静纯一，故思虑不精明。须要养得虚明专静，使道理从里面流出方好"。

从以上六条"朱子读书法"，我们可以看出——

第一，朱熹集读书法研究之大成。他的读书法奠定了古代读书法的基础。朱熹反对汉以来儒家专在名物训诂上下工夫，认为读书的根本要求是通晓"义理"（理论）。名物训诂（具体知识）的重要性只是表现在为通晓义理准备条件。读书为了明"理"，达到对"天理"的体认，这是他的读书法的指导思想。

第二，六条"读书法"不是孤立的，而是相互联系的、有机地结合在一起的，有内在的逻辑，是一个完善的读书、求学、进业的程序和步骤。这是千百年来人们读书经验的总结，是一个周而复始的循环过程，以"居敬持志"为中心，以"居敬持志"的态度来循序渐进、熟读精思、虚心涵泳、切己体察、着紧用力。

第三，六条"读书法"中都有其合理因素。"循序渐进"包含有读书的"量力性"原则，"熟读精思"包含有读书的"巩固性"原则，"虚心涵泳"包含有读书的"客观性"原则，"切己体察"包含有读书的"结合实际"原则，"着紧用力"包含有读书的"积极性"原则，"居敬持志"包含有读书的"目的性"原则。更准确地说，"朱子读书法"包含有上述这些原则的萌芽和因素。

第四，六条"读书法"中有一个重大缺点，是没有谈读书之中要产生"疑惑"的问题。尽管朱熹说过"读书始读未知有疑，其次则渐渐有疑，中则节节是疑。过了这一番后，疑渐渐解，以致融会贯通，都无所疑，方始是学"（《宋元学案·晦翁学案》），但"质疑问难"的思想没有概括到"朱子读书法"中来，加之朱熹又过分夸大了"读书穷理"的作用，这对于造成人们"两耳不闻窗外事，一心只读圣贤书"，把书本当做僵死的教条的不良学风，有着一定的影响。

朱熹还写过一首绝句，题名为"观书有感"："半亩方塘一鉴开，天光云影共徘徊。问渠那得清如许，为有源头活水来。"一个透明如镜的池塘，它之所以如此清澈，是因为有源头活水的不断流动补充。朱熹以此来比喻读书，做学问也应"通而不塞"，有源源不断的新知识或新见解来补充，才能使人见识通达，头脑清新。这个比喻十分形象和发人深思，清新明朗，浑涵自如，对我们今天如何读书、治学、教学，仍有启发意义。

七、温故时习，知行相须

我国古代教育家的教学思想，有一个特点，即一般是"由学论教"，也就是说，教学思想往往是从研究学习的规律中提出来的。朱熹把《中庸》上说的"博学之，审问之，慎思之，明辨之、笃行之"当做教学过程，并认为"学问思辨四者，所以穷理也"。在教学过程中，他提出了几项教学原则和方法。

（一）自动和适时地启发

朱熹很重视学习的自动性问题，他认为学习是自己的事情，是别人不能代替的。他说："读书是自家读书，为学是自家为学，不干别人一线事，别人助自家不得。"（《语类》卷一百十九）"道不能安坐等其自至，只待别人理会，来放自家口里。"（《语类》卷八）依他的看法，做学问主要靠自己主观努力，以积极的态度去掌握知识或寻求真理。

既然这样，那么教师起什么作用呢？他说："指引者，师之功也"，"师友之功，但能示之于始，而正之于终尔"。（《语类》卷八）他还说了自己的经验："某此间讲说时少，践履时多。事事都用你自去理会，自去体察，自去涵养。书用你自去读，道理用你自去究索。某只是做得个引路底人，做得个证明底人，有疑难处，同商量而已。"（《语类》卷十三）他认为教师在教学过程中，虽然占有重要地位，但终不能代替学生的作用。教师只是做一个"引路人"，在学生开始学习时给予引导指点；在一个阶段学习完结时，检查学生学习是否正确，是否有成效，给予适当的评价、证明和裁断；当学生遇到困难时，一同商量。在商量的过程中，教师要适时地启发。他在《论语》"不愤不启"一章注上说："愤者，心求通而未得之意；悱者，口欲言而未能之貌。"又说："此正所谓时雨之化。譬如种植之物，人力随分已加。但正当那时节，欲发生未发生之际，却欠了些小雨，忽然得这些小雨来，生意岂可御也。"不愤不悱，很难教导；待其愤悱，就豁然贯通了。(《朱子大全·论语六》)

朱熹认为充分调动学生的积极性和主动性，不是削弱教师的作用，也不是消极等待学生自发地出现主动性，而是靠教师积极主动启发学生，调动学生的积极主动性。他说："读书无疑者，须教有疑，有疑者却要无疑，到这里方是长进。"(《学规类编》)使无疑者有疑，使有疑者无疑，使教师的主导作用与学生学习的主动性结合起来，这是一种很有价值的见解。

(二) 勇猛奋发和温故时习

所谓"勇猛奋发"，是指在学习的开始时，动员全部精力，以勇猛奋发的精神去学习，应如士兵在开始作战时，抱有进无退、有死无生的决心一样。他说："圣贤千言万语，无非只说此事。须是策励此心，勇猛奋发，拔出心肝，与他去做，如两边擂起战鼓，莫问前头如何，只认卷将去，如此方做得工夫。若半上落下，半沉半浮，济得甚事？"(《语类》卷八)

他又把学习比作炼丹、煎药、推车。开始用猛火炼丹，"方好微微火养教成就"。"譬如煎药，先猛火煎，数百沸大滚，直涌迸出来，然后却可以慢火养之。"(《语类》卷八)"如推车子，初推却用些力；车既行后，自家却赖他以行。"(《语类》卷五十九)这就是说，开始学习时，应动员全部精力，以勇猛奋发的态度去做学问，才能克服客观的困难和主观的惰性。

但朱熹以"猛火"之后，再用"微火养之"譬喻，并不等于说以后的学习可以松懈下来，所以他又提出了"温故时习"的原则。

依朱熹的看法，"时习"是重要的。他说："人而不学，则无以知其所当知之理，无以能其所当为之事。学而不习，则虽知其理，能其事，然亦生涩危殆，而不能以自安。习而不时，虽曰习之而其工夫间断，一曝十寒，终不足以成其习之功矣。"（《朱子全书》卷十）这就是说，如果不学习，就不能获得必需的知识技能；如果不复习或练习，就不能巩固其所获得的知识技能；如果不随时复习或练习，就不能收到复习的功效。他又说："学贵时习，须是心心念念在上，无一事不学，无一时不学，无一处不学。"（《续近思录》卷二）所谓"时习"，即随事、随时、随处都复习、练习其已获得的知识的过程，也就是不间断地"温故"的过程。他说："时时温习，觉滋味深长，自有新得。"（《语类》卷二十四）"须是温故方能知新，若不温故便要求知新，则新不可得而知，亦不可得而求矣。"（《语类》卷一）他认为温故是知新的基础。温故能使其所学的知识融会贯通，转化为技能，并应用无穷。他认为那种只知机械地重复旧闻而不能触类旁通的人，是不能当教师的。所以他说："温故又要知新，唯温故而不知新，故不足以为人师。"（《朱子全书·论语一》）朱熹这种既强调学习要勇猛奋发，又主张持之以恒；既重视时习温故，又不忽视探索新知的思想，对我们仍是有启发意义的。

（三）教人有序不可躐等

朱熹继承了张载的思想，也提出"教人有序不可躐等"的原则。他说："事有大小，理无大小，故教人有序，而不可躐等。"又说："君子教人有序，先传以小者近者，而后教以远者大者。"（《语类》卷八）他很注意由近到远、由易到难、由浅到深、由已知到未知、由具体到抽象。他说:"譬如登山,人多要至高处,不知自低处不理会,终无至高处之理。"(《语类》卷八)又说:"于显处平易处见得,则幽底自在里许。且于切近处加功。"(《语类》卷八)还说:"据某看学问之道只在眼前日用底便是,初无深远幽妙。"(《续近思录》卷二)这就是说,学习必须从低处到高处,从平易处到幽微处,从眼前日用的到深远幽妙的。低处、平易处、眼前日用处是基础。

怎样循序渐进?朱熹说:"学不可躐等,不可草率,徒费心力,须依次序,如法理会,一经通熟,他书亦易看。"他又说:"读书须是遍布周满,某尝以为宁详毋略,宁下毋高,宁拙毋巧,宁近毋远。"(《朱子语类大全》卷十)下学是上达的基础,学问要做下学的工夫,打好基础,才有上达的可能。他说:"圣贤教人,下学上达,循循有序,故从事其间者,博而有要,约而不孤,无忘意凌躐之弊。今之言学者类多反此,故其高者沦于空幻,卑者溺于闻见,伥伥然未知其将安所归宿也。"(《续近思录》卷二)朱熹认为,不先从事于下学而妄想上达,就是躐等,便沦于空幻;专从事于下学而不想上达,虽未躐等,但沉溺于闻见。前者是"不循序而躁进",后者是"虽循序而不进",都是不好的,只会浪费精力而不能达到目的。他认为遵循由易而难、由近而远的阶段,量力学习,则自有进步。

(四)笃行

朱熹继承了儒家关于笃行的思想,在教学上重视行的作用。他说:"徒明不行,则明无所用,空明而已;徒行不明,则行无所问,冥行而已。"(《续近思录》卷二)他的意思是说,知而不行,其知为空知；行而不知，其行为冥行。所以知行应该是并进的，不可偏重或偏废。如果从发生的时间上说，致知在先，力行在后；但从道德修养的重要性上说，致知为轻，力行为重。所以他说："论先后，当以致知为先；论轻重，当以力行为重。"（《语类》卷九）

他还提出了"知行相须"的观点。他说："目无足不行，足无目不见。"（《语类》卷九）他以这种常见的事例，深刻地表述了知行不可分割的关系。不但如此，他还进而提出知识是靠实践来加以检验的思想，他说："方其知之，而行未及之，则知尚浅；既亲历其域，则知益明，非前日之意味。"（《语类》卷九）在他看来，知而不行，则体会不深；见之于行，则认识更明。他这种躬行践履对于知识还需检验的思想，是深刻的。

（五）博学与专精结合

朱熹认为，为学应当从博学开始，进而使博学与专精结合起来。所谓博学是指什么呢？他说："博学，谓天地万物之理，修己治人之方，皆所当学。"（《语类》卷六十四）"为学修己治人，有多少事在。如天文、地理、礼乐、制度、军旅、刑法，皆是着实有用之事业，无非自己本分内事。"（《语类》卷一百十七）他还说："大而天地阴阳，细而昆虫草木，皆当理会。一物不理会，这里便缺此一物之理……须是开阔，方始拓展。"（《语类》卷二十九）

朱熹是重视博学的，他以盖房子为例，重视"阔开基，广开址"，认为博学就是打好宽厚坚实的基础。他还说过："孟子曰：'博学而详说之，将以反说约也。'《语》云：'博我以文，约我以礼，'须是先博然后至约，如何便要先约得？人若先以简易存心，不知博学、审问、慎思、明辨、笃行，将来便入异端去。"（《语类》卷一百二十一）没有广博的基础就难以专精，但只有一般性广博的知识而不专精，那也不能在学术上有所建树。所以他强调治学"贵专而不贵博。盖惟专为能知其意而得其用，徒博则反苦于杂乱浅略而无所得"（《学规类编》）。他批评过他的好朋友吕祖谦的学问是"无不包罗，只是朴过都不精"（《语类》卷一百二十一）。意思是说，吕学博杂而不精。他还说过："为学须是先立大本，其初甚约，中间一节甚广大，到末梢又约……近日学者多喜从约而不于博求之，何以考验其约。"（《语类》卷十）他的这种由博返约、博约结合的见解是符合教育辩证法的。

总的来说，朱熹的教育思想是十分丰富的，已接触到了教学过程中教学原则的一些基本问题，如学习的自动性、学与思、学与习、学与行、教与学、博与约等；也涉及了教学的目的性、积极性、良好开端性、巩固性、量力性、实践性、广博性、专精性等。他对我国古代长期积累起来的教育经验与理论，做了一番归纳、整理、总结、改造工夫，使之系统化了。其中有很多是发人深思的见解，是值得我们借鉴的遗产。

第四

朱熹的教育思想

陆九渊的教育思想

一、生平及教育活动

陆九渊（1139—1193），字子静，号存斋，又号象山，江南西路抚州金溪（今江西省抚州市临川区）人。他是南宋时期新辟门径、独树一帜、与朱熹齐名的教育思想家。

陆九渊幼时聪明，爱思考问题并富有怀疑精神。传说他四岁时，曾问他父亲："天地何为穷际?"八岁读《论语·学而》，即怀疑有子三章所言不合圣道。又闻人诵程颐语，说："伊川之言奚为与孔孟之言不类?"十三岁时，读古书"宇宙"二字，他提笔大书："宇宙内事乃己分内事，己分内事乃宇宙内事。"十六岁读三国、六朝史，又闻长辈道靖康国耻事，异常愤慨，于是剪指甲，学弓马，准备日后有机，投笔从戎，恢复中原。以后一直与诸兄共讲古学，无意于举业。二十四岁时，听长辈劝告，勉赴应乡举，中第四名。三十四岁时，登进士第，在行都从游者颇多，其著名的有杨简等。这年秋，回家乡金溪，辟槐堂书屋开始讲学，不立学规，而诸生容仪庄重。

三十七岁时，陆九渊与兄九龄应吕祖谦的邀请，会朱熹于信州的鹅湖寺（今江西铅山县）。朱陆作为儒家思想家，在思想立场上基本是一致的。他们总是自觉地把自己的学说思想和根本目标同维护儒家伦理及传统社会政治制度紧密地联系在一起。他们在世界观方面也有相同之处，都认为"理"是世界的根源。但从这个相同点跨出第一步后，他们之间就出现了分歧。陆九渊发挥儒家传统的"天人合一"观点，并吸取了佛教禅宗思想，提出"心即理"，得出结论：万物皆自心发。朱熹吸取佛教"体用合一"观点，提出"性即理"，认为人性是天理在人身上的体现，因而得出结论：万物皆是理的体现，人心只是其一。由于对"理"的不同理解，导致了他们在教育思想上的分歧。陆突出"明心"（尊德性），朱强调"穷理"（道问学）；陆认为应教人先发明本心，而后使之博览，朱则断言应令人先泛观博览，而后归之于约；陆以朱教人"支离"，朱以陆教人"太简"。吕祖谦发起举行了"鹅湖之会"，并没有明确是非，当然也就谈不上消除分歧，使朱陆归于一致。但这在当时学术界是一场难得的讨论会。

四十三岁时，陆九渊访朱熹于南康，朱熹率学生迎接，并请陆九渊登白鹿洞书院讲席。陆讲"君子喻于义，小人喻于利"，朱旁听，"深感动"，遂请陆把讲义写出来，其后又把它刻在石碑上。

四十四岁时，改任国子正，赴国子学，讲《春秋》。四十六岁时，在敕局，任删定官，修订律令。上殿轮对，大意称失地未复，国耻未雪，宜博求英俊，共商治国经邦的策略，极表忠君爱国之诚。四十八岁，除将作监丞，后离京师返回江西故里讲学，从学之士，四方云集，乡间长老，亦俯首听诲。

四十九岁时，登贵溪县应天山，就废寺故址筑精舍，名为象山书院，自号香山居士，这是他讲学最兴旺的时期。他的"心学"教育理论和"心学"学派形式都是在这一时期确立起来的。

五十一岁时，奉诏知荆门军，未即赴任，仍在象山书院讲学。五十三岁时，得旨，促速到任，把象山书院讲学之事托付给高足弟子傅子云。五十四岁时，病逝于荆门军任所。他生前不事著述，对自己的理论观点论述得很少，留下的文字资料不多，只有少量诗文，大部分是与师友论学的书札和讲学的语录。他的长子陆持之裒集付梓，编成《象山先生全集》。中华书局 1980 年 1 月出版了《陆九渊集》，这是当前我们研究陆九渊教育思想的可靠资料。

二、明理、立心、做人

陆九渊从"心即理"（《陆九渊集》卷十一，以下凡引此书只注卷数）的思想出发，认为世界皆是"理"的产物或表现。"塞宇宙一理耳，学者所以学，欲明此理耳。"（卷十二）所谓"理"在他看来，即是"心"。"心，一心也；理，一理也。至当归一，精义无二。此心此理，实不容有二。"（卷一）这样，他的教育目的论就具有"心学"的特色："明理"即是"明心"，为学即以"明理"、"明心"为根本。这在宋代理学教育思想中揭出了新的旗帜。

"某屡言先立乎其大者"（卷十），"先立乎其大者，立此者也"（卷一），他把"明心"、"立心"放在重要的地位。在他看来，体认万事万物皆心所生，不要执着于一事一物；要自作主宰，不要役于外事外物。"心不可汩一事，只有立心。人心本来无事，胡乱被事物牵将去"，"收拾精神，自作主宰，万物皆备于我，有何欠阙"（卷三十五）。

从"明理"到"明心"，从"立心"到"自作主宰"，这样的教育目的是"正人心"，即为了唤起南宋时期读书人的自信心和自觉性，企图通过发扬儒家思想的主观战斗精神去挽救南宋社会的危机。他说："皇极之建，彝伦之叙，反是则非，终古不易，是极是彝，根乎人心而塞乎天地。"（卷二十二）他把仁义礼智这一套儒家道德原则说成是宇宙间的最高原则，又把它说成是"根乎人心"，即人人先天固有的东西，是自然合理的。他翻来覆去所讲的"心"，是一种人人皆同、古今无异的心。"理乃天下之公理，心乃天下之同心。"（卷十五）他的这种所谓天下之"公理"、天下之"同心"，实质上只是理学家所宣扬坚持的"理"和"心"，亦即儒家一套思想意识和道德规范。他的所谓"自作主宰"的教育目的，也无非是培养少数圣贤，按照传统儒家的思想意志和道德规范来主宰自己而已。

然而在南宋中叶，陆九渊异军突起、独树一帜，提出明理、立心、自作主宰的教育目的，与程朱理学相抗衡，在当时确曾给人以新鲜之感，使人精神振作，勇于进取，有发挥人的主观能动性的意义。正如全祖望所说，陆学兴起"倚天壁立，足以振起人之志气"（《宋元学案》卷五十七）。尤在当时"学者沉溺于章句之学"，陆提出明理、立心和自作主宰，是颇为新颖的。陆还宣称"圣贤与我同心"，"人皆可以为尧舜"，也曾给一些人带来某种安慰和希望，给那些暂时还不完全符合儒家道德标准的人，特别是青少年以信心。

陆九渊提出明理、立心、自作主宰，最后还是为了"做人"。他的所谓"做人"，包含有两种意思——

一是做伦理道德的"完人"，即圣贤君子。如他所说，"四端即是本心"，明理立心，扩充四端，自然可做个符合封建伦理道德规范的"完人"。"人生天地间，为人自当尽人道，学者所以为学，学为人而已"（卷三十五）。这就是说，不学做人，不得谓之学问，教育目的即是培养学生懂得学为人的道理。他比别的教育家更重视这一点，所以他说"朋友讲学，未说到这里"（卷三十五）。

二是做独立的"超人"，即体现"天地之心"的"主宰者"。如他所说，"塞宇宙一理耳"，"万物森然于方寸之间"，明理立心，扩充自我，做一个能驾驭万物之上、无所不知、无所不能、体现作为世界本体的"心"的超然的人。他说："我无事时，只似一个全无知无能底人。及事至方出来，却又似个无所不知无所不能之人"，"仰首攀南斗，翻身倚北辰，举头天外望，无我这般人"（卷三十五）。

如果说培养做伦理道德的"完人"即圣贤君子的主张，是继承孔子以来儒家传统教育思想的话，那么，做人要做驾驭万物之上、顶天立地的"超人"，这种提法则反映了陆的教育目的论的鲜明的个性特色。从明理、自作主宰到做人，这是一个极力扩充主观自我的过程，这贯穿着和显示着他的主观能动的哲理精神；同时也反映了他的这一思想：要做人，要有做人的乐趣，要在生活中领略"天地造化之功"，要表现人再现"天地造化之功"的创造力，表现人的精神境界，表现人之所以为人，并进而成为"超人"，这便是人生的意义和价值。他加重了人的责任感，把"人"（一个在特定关系中的"人"）当做自然和社会的核心，"宇宙内事皆吾分内事"，突出地强调了教育的主体性、个体的历史责任感和做人的自我意识感，这便是陆九渊教育思想的基本精神和首要课题。"若某则不识一个字，亦须还我堂堂地做个人"（卷三十五），做一个奋发有为、掀天揭地的"大人"，做一个具有独创精神、不受传统观念束缚、不因袭他人窠臼的"超人"，这便是陆九渊教育目的论中含有的积极因素。

三、切己自反

把道德教育与修养放在首要地位，这是中国古代儒家教育思想的传统精神，陆九渊坚持了这一传统，他甚至把道德教育与修养当做唯一的教育内容。他强调"明理、立心、做人"，认为教育归根到底，"学为人而已，非有为也"（卷三十五）。有的学生问他："先生之学当来自何处入？"他回答说："不过切己自反，改过迁善"（卷三十四），即反省内求，去掉不善，发明本心固有之善，这就是他的道德教育论的基本观点。

（一）存养

孟子提出过"良知良能"之说，并宣称"万物皆备于我"。

佛教禅宗也宣称："一切般若智，自性而生，不从外入"，"菩提只向心觅，何劳向外求玄"。(《坛经》)宋儒张九成也说过："内心琢磨，外更切磋，以求此心，心通则六经皆吾心中物也。学问之道无过于此。"(《横浦文集》卷十八)这些思想对陆九渊都产生了深刻影响。陆九渊认为，"穷理"即是"尽心"，"自存本心"乃是道德教育与道德修养的重要手段。"苟此心之存，则此理自明"(卷三十四)，"只'存'一字，自可使人明得此理"(卷一)。在他看来，因为此理"非由外铄"，毋需外求，只应保持恢复本心，这即是存养。如何存养？"将以保吾心之良，必有以去吾心之害"，"吾心之害既去，则心有不期存而自存者矣"(卷三十二)。这就是说存养必须清除戕害吾心的种种因素，必须严防"斧斤之伐"和"牛羊之牧"，也必须去掉自己过多的欲望。"欲之多，则心之存者必寡，欲之寡，则心之存者必多。故君子不患夫心之不存，而害夫欲之不寡，欲去则心自存矣。"(卷三十二)一旦通过寡欲而存养，则"天理自全"了。显然，这是一种对儒家义理的自我反省、自我体认、自我完善的过程。从认识儒家道德的本原在于人的本心出发，反而思之，进而从本心上把它扩充开来，贯彻到生活的各个方面，从"日用处开端"，人人可为，时时可为，处处可为，"自然日新，所谓可久可大者，不出简易而已"(卷五)，所以他把存养又称之为"简易工夫"。

(二)剥落

陆九渊认为本心在没有与"物"接触时都是清明、至善的，一旦追逐物欲(即逐"物")，其良心善性就有所蒙蔽了。他把发觉人心有蔽以后的修养手段称之为"剥落工夫"。他认为贤智愚不肖尽管受蒙蔽的方面不同，但因外来影响"物欲"或"意见"而陷溺本心却是一样的。因此，他认为去掉蒙蔽本心的灰尘，格除物欲，扫却邪见，回复本心固有的清明，这即是剥落的任务。"人心有病，须是剥落。剥落一番，即一番清明，后随起来，又剥落，又清明，须是剥落得净尽方是。"（卷三十五）剥落与存养不同，不是靠自我反省、自我体认，而是通过教育途径，借师友琢磨帮助。"人之精爽，负于血气，其发露于五官者安得皆正？不得名师良友剖剥，如何得去其浮伪而归于真实？又如何得能自省、自觉、自剥落？"（卷三十五）虽然剥落仍是以他的主观能动哲学思想为基础的，凡是不符合于儒家道德规范的种种杂念，都须师友教育帮助，从内心深处加以驱除，所以他名之曰剥落。而且他关于"心蔽"产生的原因及其清除的方法，有一些还是立足于他的教育实践经验的。

（三）减担

从理学思想上说，陆九渊不同意朱熹把天与人绝对对立起来。朱熹提出人心道心、天理人欲之分，把"心"分为两部分；陆九渊则认为"心"只是一个，人人皆同，古今无异，是完整统一的，不容分解为二。"心"即天理，本无欠缺，人之所以为愚为不肖，是由于"物欲"所累，并非本心有不良因素。从教育方法上说，陆九渊不同意朱熹"终日簸弄经语"（卷一），即朱主张用格物穷理读书的方法去存天理灭人欲。陆认为："学者须是打叠田地净洁，然后令他奋发植立。""田地不净洁，亦读书不得，若读书，则是假寇兵，资盗粮"（卷三十五），那就等于给盗寇资助兵粮一样，帮助敌人做坏事。为此，他提出了减担的方法："某读书只看古注，圣人之言自明白。且如'弟子入则孝，出则弟'，是分明说与你入便孝，出便弟，何须得传注？学者疲精神于此，是以担子越重。到某这里，只是与他减担，只此便是格物。"（卷三十五）他认为读那么多的传注，非但无益，反而有害，读得越多，精神负担越重，反而为贯彻孝悌之道增添了障碍。他认为本心不明，就会被所谓邪说、异端等意见所左右，这就必须格物，即格去那些学问、意见所带来的物欲。减除物欲，去掉人为的精神负担，这就是所谓减担。后来明代王守仁讲的"吾辈用功，只求日减，不求日增"，正是受了陆的影响。

存养以发明本心，剥落以解除心蔽，减担以涵养德性，这是陆九渊"切己自反"的道理教育与修养工夫的三项原则方法。以存养为主，剥落、减担是配合存养的，因为要格除一切有损于本心的物欲、意见及其种种精神负担，也是为了"保吾心之良"、"去吾心之害"，从而存养本心、发明本心，实现"明理、立心、做人"的教育目的。

四、道不外索

陆九渊从"自存本心"的思想出发，主张"道不外索"，反对向外求知求理。他说："人孰无心，道不外索。"（卷五）他认为教学的任务无非是启发学生对本心的体认，如果只是一味向外求知求理而忽视了对本心的体认，那么教学就会迷失方向。他把教学途径分为两种：一是"从里面出来"，一是"从外面入去"。前者即从自心认识世界，他认为这是获得真理的唯一正确的途径；后者是所谓"外入之学"，是难以获得真知的。他认为朱熹的格物致知、即物穷理就是向外求道，精神在外，这种"外入之学"，"至死也劳攘"，是劳而无功的。他的结论是："精神全要在内，不要在外，若在外，一生无是处。"（卷三十五）虽然他也讲"格物"和"研究物理"，但那是在"非由外铄"、乃"天所与我"的前提下来讲的，那样的"格物"与"研究物理"当然不是认识外部世界，也不是扩展知识，而是一种自心本性的直觉活动。

（一）自立自得

陆九渊强调"道不外索"、"从里面出来"的思想，认为教学是"回复本心"，让学生发现自己的真我，不假外铄，因而提出自立自得的教育原则。"汝耳自聪，目自明，事父自能孝，事兄自能弟，本无欠阙，不必他求，在乎自立而已。"（卷三十四）"自立自重，不可随人脚根，学人言语"。"自得、自成、自道，不倚师友载籍。"（卷三十五）他认为学生只有自立，所学方有所本。"大凡为学须要有所立"，"后生自立最难"。（卷三十五）"无志则不能学，不学则不知道。故所以致道者在乎学，所以为学者在乎志。"（卷二十一）"志大，坚强有力，沉重善思。"（卷二十二）通过教育，让学生自立自得，树立远大的重道义的志向或目标，摒弃卑小的好利禄的志向或目标，这便是"先立乎其大者"。他说："人要有大志。常人汩没于声色富贵间，良心善性都蒙蔽了。今人如何便解得有志？须先有智识始得。"（卷三十五）他这里所谓"智识"，即是识别力。要培养学生具有识别力，这样他们才能辨别什么是义，什么是利，什么是远大的理想，什么是卑小的志愿。他的这种强调自立自得、"先立乎其大者"的思想，重视启发学生学习的主动自觉的积极性，激发学生的主观能动性与进取奋斗的精神，仍是有作用的，这是他的教学思想的一个重要特色。

（二）注重心教

他强调自立自得，并非否认教师的作用。他说："学者须先立志，志既立，却要遇明师"（卷三十四），"天下若无着实师友，不是各执己见，便是恣情纵欲"（卷三十五）。他是一位具有丰富经验的教育家，对学生怀有深厚诚挚的感情，懂得学生的心理，教学中注重心教。第一，注意把道理讲精透，"吾之言道，坦然明白，全无粘牙嚼舌处"（卷三十四）。第二，注意情绪感染，"吾与人言，多就血脉上感移他，故人之听之者易，非若法令者之为也"（卷三十四）。他给学生讲课，往往"从天而下，从肝肺中流出"，（卷三十五）。第三，针对性强，"老夫无所能，只是识病"（卷三十五），他平常"教人不用学规，有小过，言中其情，或至流汗。有怀于中而不能自晓者，为之条析其故，悉如其心"（《宋史·陆九渊传》）。他善于推测学生心理和揭发学生隐情，使其愧汗浃背。有时与远道来学的学生仅交谈数语，即可尽得其品性梗概，并给予适当辅导。他还善于察知学生的思想情况，分别加以启发，使其能明确表达其心情。他教育学生时注意生动活泼，栩栩如生，扣人心弦，能给学生以强烈的感染。1181年，朱熹请陆九渊登白鹿洞书院讲席，朱熹旁听，深为感动，时"天气微冷，而汗出挥扇"（卷三十六）。朱熹赞扬陆的心教："至其所以发明敷畅，则又恳到明白，而皆有以切中学着隐微深痼之病，盖听者莫不竦然动心焉。"（《朱文公文集》卷八十一）可见他注重心教，因时因人而教，长于活说，无一定的格套，并有鼓动性、号召力，能吸引学生。

（三）优游读书

他不像朱熹那样强调读书，认为明心即可见理，即使不读书、不识字，也不妨碍明天理、做圣贤。他认为儒经"乃是圣人先得我心之所同然"（卷一），六经的思想皆在"吾心之中"，"六经注我，我注六经"，"学苟知本，六经皆我注脚"。（卷三十四）为此朱熹曾批评他，"其病却在尽废讲学"（《朱文公文集》卷三十一）。陆反驳道："某何尝不读书来，只是比他人读得别些子"，"某何尝不教人读书，不知此后煞有什事"。（卷三十五）他认为读书是否有益，关键要看其心是否端正，如果其心不正，多读书不但无益，反而有害。"虽多读书，有何所用？用之不善，反增罪恶耳。"（卷二十三）他反对死读书，主张读书要学以致用，当明意旨，找出书中成败、得失、是非一类的经验教训，引出有用的东西作为借鉴。他认为当时士人读书只是解字，沉溺章句，造成了不好的风气。他认为读书不必求多求快，应以精熟为贵（卷十四）；读书不必穷索，而应"优游讽咏，使之浃洽，与日用相协，非但空言虚说"（卷十一）；"读书之法，须是平平淡淡去看，仔细玩味，不可草率。所谓优而柔之，厌而饫之，自然有涣然冰释，怡然理顺的道理"（卷三十五）。他的这些优游读书的主张，从教学方法论的角度看，是有价值的。他的优游读书的目的，仍然是明理、立心，证明"圣贤垂教亦是人固有"（卷三十五）。

（四）致疑切思

思起于疑，陆九渊强调致疑："为学患无疑，疑则有进"（卷三十五），"小疑则小进，大疑则大进"（卷三十六）。他鼓励学生独立思考，认为通过勤于思考，勇于怀疑和探索，可以革除旧习，解决疑团。如何独立思考？他主张应注意两点，一是切己而优游，二是急切而不自安。如他所说："学者读书，先于易晓处沉涵熟复，切己致思，则他难晓者涣然冰释矣"（卷三十四），"学固不可以不思，然思之为道，贵切近而优游。切近则无失己，优游则不滞物"（卷三），"若自是之意消，而不自安之意长，则自能尽吐其疑"（卷七）。他在教学中是充满了致疑切思的精神的，且能把怀疑同认识的深化联系起来，这样就避免了落入相对主义。他明确地指出，对古人的书不可盲从迷信，古人的书并非句句是真理，即使是经过孔子删削的书，也要以合不合于"理"加以鉴别。"昔人之书不可以不信，亦不可以必信，顾于理如何耳。盖书可得而伪为也，理不可得而伪为也。"（卷三十二）他认为只要合于"理"，即使"非圣人之经"，甚至是"妇人孺子之言"也应吸取。（卷二）"凡事只看其理如何，不要看其人是谁。"（卷三十五）"善学者如关津，不可胡乱放人过。"（卷三十五）即是说，读书学习如守关，要善于发现和提出问题，对一切前人和他人的书本、言论，都要以此心此理为准绳，进行审查与鉴别，切不可盲从迷信、人云亦云。他的致疑切思主张，不以圣人之是非为是非，不以经典之是非为是非，不唯上，不唯书，只唯"理"，在客观上对于破除对传统权威的迷信，以及打破教育领域内僵化沉闷的空气，是有积极意义的。

五、主要特色

（一）是整体明了，不是逐一理解

陆九渊教育思想具有非常鲜明的个性特色。一方面他的教育目的很明确，提出"明理、立心、做人"，主张"先立乎其大者"，强调内心体验与本性扩张。另一方面他的教育思想路数又很模糊，认为"道理无奇特，乃人心所固有，天下所共由，岂难知哉？"（卷十四）在他的教育思想中，所注重的不是认识外界事物，而是认识本心。本心是一个具有根源性的伦理精神实体，它不仅是认识对象，同时也是认识主体，认识了它，也就是认识了宇宙全体。"一是即皆是，一明即皆明。"（卷三十五）所以要"明理、立心"，就不是一般的从客观实际出发，由局部到整体、由个别到一般的循序渐进的认识过程，而是一种特殊的直接把握整体的悟彻过程，相当于佛教禅宗所常用的顿悟方法。这和朱熹是不同的，朱熹一方面讲存心穷理，另一方面又大讲格物，主张从事事物物上体认天理，并泛观博览圣贤之书，通过逐一理解逐渐积累的方法，最终把握天理。陆九渊认为朱熹的这种逐一理解，不仅支离烦琐，收效太慢，而且容易使人忽略根本的方向，甚至走向迷途，不可能准确地把握住"天理"的整体，难免把问题复杂化。他认为自存本心，先立其大，乃是从大处着眼，抓住根本，如同"石称丈量"（卷十），这种方法不仅直截简易，而且可以避免"径而寡失"的错误；如果"铢铢而称""寸寸而度"，似乎细致详明，但实质上抓的只是细微末节，这些细微末节的积累，并不可能准确地从整体上把握真理，势必出现"至石必缪""至丈必差"的情况。他认为既然一切格物致知，都是为了达到豁然贯通，了悟伦理本体，那么何不直接求诸本心，何必费神劳思，今日一件明日一件地去格外物呢？只要去掉心中的各种弊端，真理的光辉便会自然显露。顺乎"心"之自然，便可以实现伦常道德而与本体合一了。所以他认为本心绝不是逐一扩充而形成和被体认的，只能是整体地形成和被体认的。他在这里援用了人的认识过程中实际存在的一个真实经验——直观效果，也涉及了人的教育心理过程中具有模糊数学中的模糊性问题——诸如直觉、形象联想、模糊识别和情感活动等综合心理反应，这些并非都是荒唐的。王守仁说："象山之学，简易直截，孟子之后一人，其学问思辨、致知格物之谈，虽亦不免沿袭之累，然其大本大原，断非余子所及也。"（《阳明全书》卷五）这是抓住了陆九渊教育思想的特色：简易直截，整体明了。

（二）是"尊德性"，不是"道问学"

黄宗羲在《宋元学案》中分析朱陆异同时说："先生（陆）之学，以尊德性为宗……紫阳（朱）之学，则以道问学为主。"这也是抓住了陆九渊教育思想的特色。陆认为"尊德性"与"道问学"二者不可并立，"尊德性"是前提和基础，是第一位的。他认为朱熹不懂"先立其大"，颠倒了二者的关系。"既不知尊德性，焉有所谓道问学？""凡物必有本末"，"世不辨个大小轻重，既是埋没在小处，于大处如何理会得？"（卷三十五）他认为必须辨明大小、本末、轻重的关系，若不在"尊德性"上下足了工夫，"道问学"便会迷失方向，终将走入歧途。他反对离开"尊德性"来谈"道问学"，也反对笼统地谈论开卷有益，认为读书的目的是"尊德性"，读书是否有益，看其心是否端正、其德性如何。在鹅湖会上讨论为学之方时，他曾反问过朱熹："尧舜之前何书可读？"（卷三十六）意思是说，尧舜之前无书可读，但依旧出了圣贤，天下致平。可见是否读书是无关紧要的。他突出了价值理性，认为工具理性不能代替价值理性，他认为价值理性是第一位的，如果离开了"尊德性"，知识技能愈多则愈有害。他揭露了当时一些封建士大夫终生埋头于书本，追求于功名，而对儒家提倡的道德不能切实躬行，其中不少人是满口仁义、行若狗彘的假道学。这种对假道学的腐朽性的揭露和批判，还是有积极意义的。

（三）是反省内求，不是外求外铄

陆九渊从"心即理"这一基本命题出发，主张教育目的是明理、立心，求理于吾心，亦即从吾心认识世界、体悟天理。他强调内心真实的修炼，求内不求外，求己不求人。所以他认为反省内求，是教育上的唯一正确的途径；而外求外铄，则是劳而无功的。他反对"外入之学"，反对一切形式主义与教条主义，提出"六经皆我注脚"，把六经也置于吾心之下。他对当时流行的记诵、训诂和辞章之学也是否定的，这对于改变以往相承的不良学风、对于活跃教育思想也是有积极意义的。

（四）是提倡独立思考，不是盲目迷信书本和圣贤

陆九渊从小就富有怀疑和独立思考的精神，后来在他办学和讲学的活动中，也竭力提倡这种精神，鼓励学生勇于怀疑，独立思考，不盲从迷信，不人云亦云。在那个封建专制、教育思想僵化的时代，他提倡独立思考，反对盲从迷信权威和书本，这对怀疑旧权威、冲破旧教条、启发人们觉醒是有积极意义的。自陆九渊始，强调自作主宰、自立自重、主怀疑反盲从、"六经皆我注脚"，经王守仁到王门后学，这种个体主观战斗精神的特色越来越突出了。这些成为后来诱发异端思想的酵母，成为通向思想解放的进步走道，给后人留下了启迪思想的精神财富。

（五）是注重躬行实践，不是言行相违

陆九渊反对死读书本，对朱熹提倡的"字求其训、句索其旨"的读书方法十分不满，他把那种不明意旨，只是解字、晓文义的学习方法讥之为"儿童之学"。（卷三十五）他认为幼时学道是为了壮时行道，学习是为了致用。他注重躬行践履，主张"明实理，做实事"（卷三十四），"一意实学，不事空言"（卷十二）。连朱熹也承认陆门"躬行皆有可观"（卷三十六）。陆认为真知当通过实行表现出来，否则便称不上真知（卷十四），这对于后来王守仁的"真知即所以为行，不行不足谓之知"的思想是有启发的。这些也是陆九渊教育思想的又一特色，无疑在当时也是有积极意义的。

第六

王守仁的教育思想

一、生平及教育活动

王守仁（1472—1528），字伯安，浙江余姚人，是明代中叶重要的思想家、教育家。因他曾在绍兴城外的阳明洞读书讲学，自号阳明子，世称阳明先生。

他出身于一个官僚家庭。父亲王华在明宪宗成化十七年（1481 年）考中进士第一名，后官至南京吏部尚书。据说王守仁小时候很淘气，不爱学习，好逃塾，喜做打仗的游戏。他生母在他十三岁时去世了，继母残酷虐待他。有一天他在街上买了一只长尾林鸮，把它藏在继母的被褥里，同时收买了一位巫婆。当继母钻进被褥时，长尾林鸮就飞了出来，并发出怪叫声，在继母房里乱飞。继母吓坏了，认为是不祥的征兆。他把巫婆请来，巫婆说这怪鸟是王守仁生母的化身，因为你虐待了她的儿子，她诉诸

第六
王守仁的教育思想

93

神来取你的命。继母浑身发抖乞求饶命，此后对王守仁温和多了。

王守仁少年时代随父亲到北京读书，抱有"读书学圣贤"的志向。二十一岁时中了举人。开始他认真地按朱熹的教导去"格物穷理"。朱熹认为，世界上万事万物，一砖一瓦，一草一木，一舟一车一昆虫，都涵有"至理"，必须一件一件地"格"尽天下之物，才能豁然贯通，体会到完满的"天理"，成为"圣贤"。王守仁面对着亭前在萧瑟的秋风里抖动的一丛翠竹"格"起，从早到晚，面对着这片竹子冥思苦想，一天、两天、三天，一直坚持了七昼夜，结果一无所得，病倒了。这时王守仁对朱熹所指出的做圣贤的道路开始惶惑了：一竹之理尚不能"格"，何谈天下之物？于是他抛开了这个苦恼的问题，转而去研读佛老，并向道士谈养生，向和尚问禅机。当他二十八岁考中进士之后，索性告病还乡，躲进阳明洞静坐修道、读书讲学去了。

王守仁三十四岁时（1506 年），他的政治生活发生了逆转。为了援救南京科道官戴铣等人，他得罪了控制朝政的宦官刘瑾，被廷杖四十下狱，然后谪发到人迹罕见的贵州龙场驿当驿丞。从一路青云的世家子弟，变成一个荒域流徒。这时他才真正感到需要内心的解脱。于是他日夜静坐，体会"圣人处此，更有何道"。据说他在一个晚上突然顿悟，终于洞彻了"格物"的道理，这就是：一切的知和理，都在我的心中，天下本无物可格，原先格竹求理，是走错了路啊！这样，王守仁就从程朱的理学思想，走向了带有明显禅宗色彩的心学思想，从而接受了陆九渊的思想。

南宋末年以来，程朱理学占了统治地位。经元至明，程朱理学备受尊崇，朱熹注的"四书"，被定为人人必读的官方教科书。

王守仁逐渐认识到程朱之学"言之太详，析之太精"，结果是"言益详道益晦，析理益精学益支离，无本而事于外者益繁以难"，造成"记诵词章"的恶习。他批评当时的社会风气是"从册子上钻研，名物上考索，形迹上比拟。知识愈广，而人欲愈滋；才力愈多，而天理愈蔽"（《传习录》上）。他极力赞扬陆九渊的"心学"思想，他说："象山之学，简易直截，孟子之后一人。其学问思辨，致知格物之说，虽亦未免沿袭之累，然其大本大原，断非余子所及也。"（《与席元山》）王守仁思想中的一些基本概念、基本观点，很多是从陆九渊那里来的，比如"心即理"、"发明本心"、"求诸心"等。他还一反"是朱非陆"的陈说，大胆地提出："欲冒天下之讥，以为象山一暴其说，虽以此得罪无恨。"（《答徐成之（壬午）》）即他要冒天下人的反对讥笑，为陆九渊的"心学"辩诬。他说："圣人之学，心学也"（《象山文集序》），若求圣人之道，唯在心中"自得"。（《别湛甘泉序》）

刘瑾垮台后，王守仁的政治地位逐渐上升。之后他为明王朝干了两件大事：一是在1517年被任命为南赣汀漳等处巡抚，镇压了江西、福建、广东等地的农民起义；二是在1519年，他主动起兵勤王，活捉了起兵反叛明朝廷的宁王朱宸濠，为明王朝平服了一场大叛乱。这两件事同他的"心学"一起，受到了当时以及后来许多封建士大夫的推许。在直接用武力维护明朝统治的过程中，王守仁又进一步发展了他的学说，建立了"心即理、致良知、知行合一"的思想体系。

王守仁三十多岁始讲学授徒，前后达二十五年之久。他每到一处任职，都修建书院，创办社学，利用从政之余进行讲学。即使在他被贬谪到贵州的时候，他还创办了龙冈书院，后来又到贵阳的书院讲学。他在巡抚南赣汀漳过程中，修濂溪书院，集门人于白鹿洞书院讲学，并立社学。他在总督两广军务时，办思田学校、南宁学校和敷文书院。退职回乡期间，先辟稽山书院，后办阳明书院，并讲学于余姚龙泉山等。他的办学、讲学活动，对明代书院、社学的发展起了一定的推动作用。

以上是王守仁的一生活动，用他自己的话说，在于一方面"破山中贼"，另一方面"破心中贼"。前者的意思是指他镇压流寇造反，以维护明朝的政治统治；后者的意思是指宣传他的"心学"思想，从事教育活动。他写了一首《睡起偶成》的诗："起向高楼撞晓钟，尚多昏睡正懵懵。纵令日暮醒犹得，不信人间耳尽聋。"他自信通过教育活动，能够使人们听到他"救民救世"的钟声，他也能够将懵懵昏睡的人唤起。

王守仁的著作有《王文成公全书》三十八卷。

二、心即理、致良知

陆九渊、王守仁和程颐、朱熹一样，都认为"理"是存在的，都把"理"作为宇宙的本体，把"理"当做儒家的道德伦理和教育的根据。所不同的是，程朱学派认为"理在心外"，"性即理"，而陆王学派则认为"理在本心"，"心即理"。

王守仁继承、发挥了陆九渊的"心学"思想，他是用"心学"观点来阐述教育功能问题的。

王守仁认为"理"就是"心"，"心"是天地万物的来源，是天地万物的主宰。"心"就是世界,"心"无所不包。"心即理",是说"心"与"理"合而为一,不可分离。他把人的主观认识"心"和事物的规律"理",说成是合而为一的。实际上他是说,凡事物的规律,都在人心之中,与心不相离,世界上不存在离开人的主观认识而独立存在的客观规律。这显然是受佛教禅宗的"物我两忘、主客不分、能所尽泯"的"无住、无念、无相"无为境界的影响。王守仁把"心"、"理"、"性"看做一物,使"性"、"理"同一于"心"。这是他不同于朱熹的地方,他认为朱熹把"心"与"理"分别为二,这是最大的错误。

由于他认为"心即理",理在"心",在内不在外,所以他说:"心外无事,心外无理,故心外无学。"(《紫阳书院集序》)那么教育的功能就是"不假外求"(《传习录》上),"求理于吾心"(《传习录》中),直截了当地向内寻找,到内心中去体认。

他又把人心中的"天理"叫做"良知","良知"是"心"的本质,一切事事物物及其规律都包括在"良知"之中。先天的、不教自能的儒家道德观念和品质都包括在"良知"之中。这个"良知"在人的整个生命过程中始终存在着,既不会减少,也不会丢失,但却可能被蒙蔽。这是王守仁与孟子的一点细微差别。王守仁认为人先天具有的善性,只有昏蔽的问题,不存在丢失的问题。所以他认为教育的功能在于去掉后天的与外物接触所产生的各种"昏蔽",去掉"昏蔽","良知"的"天理"便能充分地发挥出来,"见父自然知孝,见兄自然知弟,见孺子入井自然知恻隐;此便是良知,不假外求"(《传习录》上)。这也就是说,教育的功能就是"致良知",恢复"良知",达到"良知"的极致。

他认为"致良知"的具体办法是"格物"。他的"格物"与朱熹的"格物"不同。他认为格者，正也；物者，事也。他说："致知必在于格物。物者，事也，凡意之所发必有其事，意所在之事谓之物。格者，正也，正其不正以归于正之谓也。正其不正者，去恶之谓也；归于正者，为善之谓也。"（《大学问》）所谓"格物"，即"正事"、"正心"，去掉"物欲"的"昏蔽"。这里含有端正道德行为的意思，改正不正当的思念，去掉"人欲"，复归"良知"，唤起人们内在的天德良知，自觉地遵守传统社会的统治秩序和伦理纲常，从而达到"存天理"、"灭人欲"、去"昏蔽"、复归"良知"的目的。

王守仁认为所谓"良知"，即真实的自我、人心的本来面目，是道德的本质、道德行为的源头。只有体认了这一"真己"，才会有真正的道德意识和道德行为。如果一个人内心充满了私欲恶念，没有高尚的精神境界，即使他的道德知识学得再多，道德行为规范训练得再熟练，也是没有意义的。道德教育只有从一个人的内心意识（良知、良心）开始，才是最根本的、真正的教育。教育要从根上下工夫，而不是从枝叶上下工夫。这就是王守仁的"致良知"的教育功能论。他要求人们向内心去寻求所谓先天存在的道德律，以更简易的"心学"观点来论证教育功能，让人们把儒家道德看成是自发的而不是强制的，是内在的而不是外加的，使人们更容易接受伦理道德的束缚。曾国藩、蒋介石都曾赞扬过王守仁的"致良知"，认为这是"求学作事"之根本。

王守仁在封建社会后期程朱理学趋于保守教条之际，敢于别树一帜，反对崇拜权威，勇于冲破旧教条，公开提出不以孔子之是非为是非，不以朱子之是非为是非，给人以新鲜之感。他的"致良知"的教育功能论，强调了人的主观能动性，强调了教育的自我意识感和做人的历史责任感，以及在实际行动上的灵活运用，并埋下了发展个性的种子，这对于社会思想和学术空气的活跃，对于冲破理学的禁锢和发展个性的思想解放运动有重要的启蒙作用。李贽、黄宗羲、康有为、谭嗣同都受到王守仁思想的影响，青年时代的毛泽东、郭沫若等也受过王守仁思想的影响。王守仁的思想不仅对中国近代有影响，而且对日本也有影响，章太炎说，日本明治维新是"由王学为其先导"的。日本明治维新前后许多叱咤风云、位列庙堂的人物也曾信奉和倾向王守仁的思想。

三、知行合一

王守仁从"心即理"思想出发，认为天地间万事万物及其道理都在内心"良知"之中，"不假外求"。因此他认为"记诵之广"、"知识之多"、"闻见之博"，反而会使人"适以行其恶"。（《传习录》中）他的意思是说，人们的知识不能太多，太多了反而会促使人去干坏事。他一再提出教育要像"唐虞三代之世"那样，"无闻见之杂，记诵之烦"。（《传习录》中）所以他也与陆九渊一样，更重"尊德性"，重视道德教育与道德修养，提出了"知行合一"的道德教育论。

所谓"知行合一"，不是一般的认识和实践的关系。所谓"知"，主要指人的道德意识和思想意念。所谓"行"，主要指人的道德践履和实际行动。因此，知行关系，也就是指的道德意识和道德践履的关系，也包括一些思想意念和实际行动的关系。

朱熹提出过"知行相须"的思想，提出过"目无足不行，足无目不见"，以此比喻知行相互依赖的关系。但朱熹也曾提出，"论先后，知为先；论轻重，行为重"（《朱子语类》卷九）。王守仁批判地吸取了朱熹的"知行相须"、"行重于知"的思想，扬弃了朱熹"知先行后"的割裂知行统一的观点。王守仁的"知行合一"思想包括以下两层意思。

1. 知中有行，行中有知，知行原是一个工夫

王守仁认为知行是一回事，不能分为"两截"，有知在即有行在，有行在即有知在，知不离行，行不离知，两者互为表里，不可分离，不可分割。他说："知行原是两个字，说一个工夫。"（《答友人问》）"只说一个知，已自有行在；只说一个行，已自有知在。"（《传习录》上）"知之真切笃实处即是行，行之明觉精察处即是知，知行工夫本不可离，只为后世学者分作两截用功，失却知行本体，故有合一并进之说。真知即所以为行，不行不足谓之知。"（《传习录》中）

他把知行合而为一，知就是行，行就是知，行中有知，知中有行，行在知在，知在行在，相互包含，彼此融通。他极力反对道德教育上的知行脱节及"知而不行"，突出地把一切道德归之于个体的自觉行动，这是有积极意义的。因为从道德教育上看，道德意识离不开道德行为，道德行为也离不开道德意识。二者互为表里，不可分离。知必然要表现为行，不行不能算真知。道德认识和道德意识必然表现为道德行为，如果不去行动，不能算是真知。王守仁认为，"良知"无不行，而自觉的行，也就是知。这

无疑是有其深刻之处的。

2. 以知为行，知决定行，销行以为知

王守仁说："知是行的主意，行是知的工夫；知是行之始，行是知之成。"（《传习录》上）他的意思是说，儒家道德是人行为的指导思想，按照儒家道德的要求去行动是达到"良知"的工夫。在儒家道德观念指导下产生的意念活动是行为的开始，符合儒家道德规范要求的行为是"良知"的完成。

王守仁本是反对朱熹的"知先行后"说的，然而实际上，他的"知行合一"说中也有知决定行的含义。所不同的是，朱熹主张"行"之前，先须向外求"知"；而王守仁则认为"不假外求"，先天具足。至于"知"在"行"的前面，则二人是一致的。

王守仁说："我今说个知行合一，正要人晓得一念发动处便即是行了，发动处有不善，就将这不善的念克倒了，须要彻根彻底不使那一念不善潜伏在胸中，此是我立言宗旨。"（《传习录》下）他的意思是说，我心中的"良知"向外发动，表现显露出来就是"行"，"良知"发动时的主观意念、情感、动机等都可以叫做"行"。他有时还把一个人学习时的真切笃实的态度也叫做"行"。为了论证以知为行，他说："见好色属知，好好色属行；只见那好色时已自好了，不是见了后又立个心去好。闻恶臭属知，恶恶臭属行；只闻那恶臭时已自恶了，不是闻了后别立个心去恶。"（《传习录》上）意思是说，看见美色是知，爱好美色就是行；闻恶臭是知，厌恶恶臭就是行。见好色与好好色、闻恶臭与恶恶臭，是同时发生的，因而知和行是合一的。王守仁之所以以知为行，把一念发动视为行，这是为了防范于未然，使任何不符合于"天理"的一念人欲或私心，克服于萌芽之中。只有这样"彻根彻底"，才能整饬人心，实现其"破心中贼"的目的。

总之，王守仁的"知行合一"的实质，是以"良知"为标准，统一于"良知"的内心活动，突出地把一切道德归结为个体的自觉行动，看到了道德意识和道德行为之间的相互联系、相互转化的作用，表现了对道德的自我意识感的重视及对道德行为的能动性的极大强调。从道德教育与道德修养上看，他反对"知行脱节"与"知而不行"，在中国古代教育思想史上是有积极意义的。

为了贯彻他的"知行合一"的道德教育思想，他还提出了一些具体的道德教育方法。

1. 静处体悟

所谓"静处体悟"，实际上是静坐澄心，反观内省，摈去一切私虑杂念，体认本心，这是董仲舒"内视反听"与陆九渊"自存本心"思想的继承与发展，也是佛教禅宗的面壁静坐、"明心见性"思想的影响。如他所说："前在寺中所云静坐事，非欲坐禅入定，盖因吾辈平日为事物纷拏，未知为己，欲以此补小学收放心一段工夫耳。"（《与辰中诸生书》）这"收放心"工夫包括："为善"、"去恶"、"去闲思杂虑"，最后达"为善去恶之念"。

2. 事上磨炼

王守仁认为如果一味追求静坐澄心，容易使人"喜静厌动，流入枯槁之病"（《传习录》下），或者使人变成"沉空守寂"的"痴呆汉"，"才遇些子事来，即便牵滞纷扰，不复能经纶宰制"（《传习录》中）。因此，他又提出"事上磨炼"。他说："人须在事上磨炼做工夫乃有益；若只好静，遇事便乱，终无长进；那静时工夫，亦差似收敛，而实放溺也。"（《传习录》下）他这里说的"在事上磨炼"，亦即"就学者本心日用事为间，体究践履，实地用功"（《传习录》中），是指通过"声色货利"这些日常事务，去体认"良知"。他反对离开事物去谈"致良知"，认为在口头上谈"致良知"是无意义的，"离了事物为学，却是着空"（《传习录》下）。他主张道德修养要紧密同日常生活联系，"在事上磨炼"，才能落实"知行合一"。

3. 省察克治

王守仁还继承与发展了儒家传统的"内省"、"自讼"的修养方法，提出"省察克治"。他说："省察克治之功则无时而可间，如去盗贼，须有个扫除廓清之意。无事时将好色好货好名等私逐一追究搜寻出来，定要拔出病根，永不复起，方始为快。常如猫之捕鼠，一眼看着，一耳听着，才有一念萌动，即与克去，斩钉截铁，不可姑容，与他方便，不可窝藏，不可放他出路，方是真实用功，方能扫除廓清。"他还说："克己必须要扫除廓清，一毫不存方是，有一毫在，则众恶相引而来。"（《传习录》上）他这里把传统的"克己内省"思想进一步发展了一步，强调了"拔去病根"、"斩钉截铁"、"扫除廓清"、"一毫不存"。在他看来，如果在修养过程中，若不能用他所说的"天理"战胜"人欲"，即使剩下一丝一毫，那么，其结果必将是前功尽弃，"众恶相引而来"。

陆九渊提出过"存养"、"剥落"、"减担"，强调了"简易"工夫；王守仁继承并发展了这些修养方法，他说："吾辈用功，只求日减，不求日增。减得一分人欲，便是复得一分天理，何等轻快洒脱！何等简易！"（《传习录》上）他的"静处体悟"、"事上磨炼"、"省察克治"也可以说是"简易"工夫。他的"简易"工夫其基本精神是"知行合一"，其目的是"致良知"。

四、顺导性情

王守仁十分重视儿童教育，他从"致良知"的要求出发，认为儿童时期"良知"保存最多，受蒙蔽最少，教育应从儿童时期抓起。

当时学校教育中束缚儿童身心发展的现象十分严重，教育方法很机械，教育手段也很粗暴。他说："若近世之训蒙稚者，日惟督以句读课仿，责其检束，而不知导之以礼，求其聪明，而不知养之以善，鞭挞、绳缚，若待拘囚。彼视学舍如图狱而不肯入，视师长如寇仇而不欲见，窥避掩复以遂其嬉游，设诈饰诡以肆其顽鄙，偷薄庸劣，日趋下流。是盖驱之于恶，而求其为善也，何可得乎？"（《训蒙大意示教读刘伯颂等》）教师每天只是督促儿童读句子、背课文、模仿写字和作诗文，检查责备儿童的行为举止，而不知道应对儿童用礼来教导，晓之以理；只是想使儿童聪明，但不知道应在道德礼仪上养成儿童的善行；经常鞭挞儿童，有时甚至用绳索捆缚来压制和折磨儿童，所以有些儿童把学舍看做是监狱，把老师看做是仇人，不肯上学，经常逃学，捣蛋撒谎，只顾游玩而不思学习，以致学无长进。

王守仁坚决反对这种错误的教学方法。他针对当时儿童教育中的弊病，提出了自己的教育主张。

（一）顺应性情与鼓舞兴趣

王守仁认为，教学要注意儿童的年龄特点。他说："大抵童子之情，乐嬉游而惮拘检，如草木之始萌芽，舒畅之则条达，摧挠之则衰痿。今教童子，必使其趋向鼓舞，中心喜悦，则其进自不能已。譬之时雨春风，沾被卉木，莫不萌动发越，自然日长月化。若冰霜剥落，则生意萧索，日就枯槁矣。"（《训蒙大意示教读刘伯颂等》）一般来说，儿童的性情总是喜欢嬉游，而怕拘束与禁锢，就像草木刚刚萌芽，顺应它就会发展，摧残它就会衰退。所以他主张对儿童的教育必须依据这个特点来进行，采取使儿童"趋向鼓舞"和"中心喜悦"的积极教育方法，他认为这样才能使儿童的学习日有长进，就好像春风时雨被及于草木一样，益然生意，而不是冰霜剥落、生意萧索。

（二）自求自得与独立思考

王守仁认为学习必须独立思考，强调自求自得，反对崇拜偶像、盲从教师的学习方法。他说："君子之学求以得之于其心。"（《观德亭记》）他认为如果儿童的学习是出于内心，是通过自己的思考获得知识，那么这种学习就是有效的；反之，就不可能很好地掌握知识。因此，教师在教学中应引导儿童"各得其心"，而不能以儿童的所谓幼稚，去压抑、束缚儿童的思维。他主张从小培养儿童独立思考，不盲从，使之"深入心通"，长大后逐渐形成自己的观点而不轻易受别人左右。他说："夫学贵得之心，求之于心而非也，虽其言之出于孔子，不敢以为是也，而况其未及孔子者乎！求之于心而是也，虽其言之出于庸常，不敢以为非也，

第六　王守仁的教育思想

而况其出于孔子者乎！"（《传习录》中）他这种强调自求自得、独立思考、勇于怀疑、不盲从迷信、不人云亦云的精神是很突出的。他认为学习与其旁人"点化"，不如自己"解化"。他反对朱熹"为学之道在穷理，穷理之要在读书"的观点，认为"六经之实"都在"吾心"之中，单靠读书是不行的，必须考之于心。"求之于心"是根本，读书只是寻求工具寻找方法而已，犹如跛人需要拐杖，只是为了帮助走路一样。反对盲从典籍，提倡独立思考，这是他教育思想的一个重要特色。

（三）循序渐进与因材施教

王守仁认为教学必须注意循序渐进，儿童学习应从现有基础出发，逐渐加深，沿着他"精气日足，筋力日强，聪明日开"的顺序发展。一个人从婴儿到成人有其发展的阶段性，比如种植树木，须栽培得宜，"从本原上用力，渐渐盈科而进"（《传习录》上）。儿童的接受能力达到何种程度，便就这个程度进行教学，不可躐等。既不能要求过高过急，也不能停留在固定的低水平上。如果不顾及儿童的接受能力，把大量的高深的知识灌输进去，就会像用一桶水倾注在幼苗上把它浸坏一样，对儿童有害无益。

他认为人的资质是不同的，施教须"随人分限所及"（《传习录》下），因人而异，不可躐等；人的才能也互不相同，使他们"益精其能"，是学校教育的重要任务。他说："人的资质不同，施教不可躐等，中人以下的人，便与他说性说命他也不省得，也须慢慢琢磨他起来。"教学应注意各人长处短处。譬如良医治病，目的在治病，并不是有一定的方剂，不问是何症候，必使人人都吃这一剂药。治病要因病发药，教学亦须与治病一样，要注意因

人施教。(《与刘元道》)

总之,他认为儿童的个性是存在差异的,每个人的自然禀赋也不一样,所以教学方法也应该因人而殊,不能用同一方法。他坚决反对用一个模型去束缚儿童,而主张通过教学发展每个儿童不同的个性。

在教学内容上,王守仁主张给儿童以"歌诗"、"习礼"与"读书"三方面的教育,陶冶儿童的思想和性情。(《训蒙大意示教读刘伯颂等》)

第一,"诱之诗歌":他主张以唱歌吟诗的方式来教育儿童,这样不仅能激发他们的志向,而且还能消除他们的顽皮,使他们多余的精力有发泄的机会,也能解除儿童内心的愁闷和烦恼,使他们开朗活泼起来,并能适度地表达其情感。

第二,"导之习礼":他主张以学习礼仪来教育儿童,这不但能使儿童养成一定的礼仪习惯,而且还能通过"周旋揖让"、"拜起屈伸"等礼仪动作,"动荡血脉"、"固束筋骸",达到锻炼身心、健壮体魄的作用。

第三,"讽之读书":他主张通过读书,开发儿童的智力,增加儿童的知识,同时还能"存心宣志",形成儿童的一定的道德观念和理想。

此外,王守仁认为还应有"考德"这门课,并作了具体规定:每天清晨,检查儿童在家里、在邻里中的"言行心术"及"爱亲敬长"、"步趋礼节"、"忠信笃敬"等做得如何,要婉转地加以诲谕、开导,然后再就席授业。他认为这有利于从小训练儿童的道德行为习惯。

为了使儿童"乐习不倦，无暇及于邪僻"，王守仁还制定了儿童每日活动的程序，作为教育与检查的依据。每天按"先考德，次背书诵书，次习礼或作课仿，次复诵书讲书，次歌诗"（《教约》）等程序，进行品德检查，巩固旧课，讲授新课，并适当配合习礼和歌诗。这样就把儿童的德育、智育、体育和美育等教学内容，在每天的教育活动中都作了切实的安排。

总之，王守仁的儿童教育思想比较具体详细，有许多是符合儿童心理特点的。他主张根据儿童的特点进行教育，反对教条式的教学方法和体罚等粗暴的教育手段，这些都是有积极意义的。

五、训俗教化

王守仁十分重视社会教育，自1517年起，他在南赣颁布了关于"十家牌法"的一系列文告。

"十家牌"是一种社会基层组织，把城乡居民每十家编为一牌，每家各置一牌，上写各户人丁数目、籍贯姓名、年貌行业等。每日轮一家，沿门按牌，审察动静，维持治安，有可疑事即行报官究办，若隐匿不报则十家连坐。他制定的"十家牌法"包括息盗贼、简词讼、均赋役、御外侮、移风俗、兴礼乐等内容，其目的显然是"破山中贼、破心中贼"。归纳起来，"十家牌"的组织在社会教育上有三种功用：实施军训、改革风俗、增进道德。

所谓"实施军训"，是使民众于互相纠察和检举的活动中受到防盗自卫的军事训练。当然这是为了防止"犯上作乱"的措施。不过王守仁提出过"处处皆兵、家家皆兵、人人皆兵"，使人人都接受军事训练的思想，是值得我们注意的。

所谓"改革风俗"，是使民众戒奢崇俭，破除迷信，止息争讼。如他提出禁止厚葬、宴客、送节礼、论聘仪、计妆奁等，是戒奢崇俭的办法；他提出禁人做佛事、信邪术、崇巫祷、迎神赛会等，是破除迷信的办法。这些办法是可赞许的。此外他还认识到戏剧在移风易俗上的作用，他建议改编剧本和曲调，使其通俗易晓，使民众于无意中受到感化和教育。他对于戏剧在移风易俗上所发挥积极作用的认识，对于剧本和曲调应注意通俗性与针对性的意见，以及如何从民间艺术的原有水平不断提高的见解，都是有价值的。

所谓"增进道德"，是使民众接受道德和政治的教育，大抵可分为三类：一是对家庭方面的道德，如孝慈、爱敬、和随、惠顺、恭俭守家等；二是对国家和社会方面的道德，如奉守官法和勤办国课等；三是对乡里和朋友方面的道德，如谦和、平恕、含忍、礼让、敦厚、劝善戒恶等。

1520年，王守仁又颁布《南赣乡约》，这是他关于社会教育的重要著作。所谓"乡约"，是全乡人民共同遵守的道德公约。所谓"乡约会"，是严密的对民众实施军事训练、政治教育、道德陶冶的重要机构。乡内全体成年人都是"乡约会"的会员。

《南赣乡约》首先肯定了社会教育的重要性和必要性，它认为人的善恶是教育造成的，寇盗是由于官吏的教导无方、长辈的训诲不早、朋友的奖劝失时所造成的。其次，它确定了社会教育的目标在于培养良善的人民和养成仁厚风俗。再次，它规定了社会教育的内容是在家孝父母、敬兄长，在乡里则相助相恤、劝善

第六 王守仁的教育思想

戒恶、讲信修睦、息讼罢争等。最后，它指出了社会教育的方法是依靠群众的批评与检讨，因为人虽至愚，责人则明；人虽至聪，责己则昏。它认为使民众互相纠察和集体表扬或检讨自省的方法，是改造民众的道德人格之最有效的办法。

《南赣乡约》还规定了积极的任务和消极的禁令，并对"乡约会"的组织机构、负责人职掌、活动方式、开会程序、礼仪制度等做了详密的规定。其基本精神是"致良知"学说，社会教育目标在"致良知"，其内容和方法，都是达到此目标的手段。

王守仁的社会教育思想，有一些值得注意的方面。如"十家牌"和"乡约"的组织是严密的、普遍的、有效率的，若一旦变为民众自己的组织，它确实能起到对民众施行军事训练、政治教育、道德陶冶的作用。又如王守仁提出的革除陋习与破除迷信教育的办法、使民众个别互相纠察与集体开会检讨并表扬以改造其道德人格的办法，都是王守仁社会教育论中颇为显著的积极因素。

第
七

张居正的教育思想

一、教育活动及著作

张居正（1525—1582），字叔大，号太岳，湖广江陵（今属湖北）人，明代杰出的政治家和教育改革家。他的教育思想是很有时代特色的，反映了明中后期实学教育思潮兴起和发展的一般趋势，也体现了封建社会后期教育改革家思想的一般特点。

张居正出生于嘉靖四年（1525年），正值明代书院大兴和王阳明学昌盛的时期，同时湖广地方官学也很发达。父亲是个秀才，本身学问不大，但很热心教育子女。张居正两岁时开始识字，五岁时入学读书，十岁即通"六经大义"，在荆州府众誉之为"神童"。十三岁赴省城应乡试，本来凭他的答卷成绩是完全可以中举的，但湖广巡抚顾璘有意造就他，故不让他如此年幼得志，想使他受些挫折而变得老练些。三年后方中举人。张居正后来经常反

第七　张居正的教育思想

111

思这段历史，一是认为早期教育十分重要，二是对顾璘的爱护和"以压助长"的方法感怀不已。这自身成长的经验到后来则成了他早期教育理论的思想来源之一。

二十二岁时，他中进士，选翰林院庶吉士。明代自英宗以来，非进士不入翰林，非翰林不入内阁，故庶吉士始进之时，已群目为储相，张居正自知前途无量，遂潜志淬砺，攻究国家传统典故，及时务之切要剖析之，唯在经世致用。他认为"致理之道在于安民生"，所以有关政治、理财、治军、治农、文教、科技、外交诸方面的著作及时务，他都十分注意钻研，逐步形成了他的经世致用的思想基础。

嘉靖三十八年（1559 年），张居正从翰林院编修升右春坊右中允，兼任国子监司业，开始了他的教育活动。在明代有南北两京国子监，是当时国立的最高学府兼管全国教育的机构。国子监的第一把手是祭酒，其次是司业，即似国立大学的校长、副校长和教育部长及副部长。张居正在国子监任职四年，极推崇儒家功利主义的教育主张，认为"学问既知头脑、须窥实际"（《张文忠公全集·答罗近溪宛陵尹》，以下凡引全集概只注篇名）。当时王阳明弟子聂豹在京师大讲"心学"，张居正指责他空谈心性是弃学从佛。在太庙游遇何心隐，因对何心隐"心学"讲学不满而讥讽之，由此二人结怨。张居正指出，宋明理学"皆宋时奸臣卖国之余习，老儒臭腐之余谈"，绝不可作为国家教育的内容，否则戕害士心，误国害民。

嘉靖四十三年（1564 年），张居正晋升为右春坊右谕德，为裕王邸日讲官。裕王即后来的明穆宗。他为裕王讲学，"必引经执义，广譬曲喻，词极剀切"，每每博得裕王的钦佩和礼敬。由于这种关系，隆庆元年（1567年）张居正进入了内阁。次年，上奏著名的改革纲领《陈六事疏》。但是，穆宗是个昏庸的皇帝，张居正有志难酬，改革奏疏只是一纸空文。隆庆四年（1570年），张居正眼看到荒淫无度的穆宗身心萎靡，在位不将长久，为国家前途计，他决意践行"政由教出"的先儒遗训，培养新君，以俟来日。于是他奏上《请皇太子出阁讲学疏》，恳请穆宗把不满八岁的皇太子翊钧交给他来教育。从此，他就成为这位皇太子的老师了。这位皇太子十岁时就登上了皇帝宝座，张居正不仅成了他殿前的内阁首辅，而且是始终忠实而严厉的老师。直到万历十年（1582年）病逝，十二个春秋，张居正的全部心血一半花在政权上，一半无私地奉献在教育上，这样不仅延缓了明王朝的命运，同时也造就了一个统治明王朝四十七年的神宗皇帝。

隆庆五年（1571年），张居正主考会试。自次年登首辅后他开始了全面的社会政治、经济和教育等方面的改革，在教育实践和教育理论上作出了卓越的贡献。

张居正的著作有奏疏、文集、诗集、书牍和杂著等，后人辑为《张太岳文集》，共四十六卷，后更名为《张文忠公全集》。其中大量的奏疏、文集都专篇论述教育，所辑讲义也是他的教育著作。张居正的教育思想与政治思想是紧密相连的，他把教育作为政治的一个重要组成部分，提倡以经世致用为精神，以培养实用人才为目的，以行政手段来管理等，这些都将于下面具体介绍。

二、经世致用，富国强兵

明代的教育发展史，大致可划分为三个不同阶段。其一，从明初建国到正德年间可谓前期，朱元璋手订文教政策，倡理学、兴科举、办学校，建立了全国教育网和健全的教育行政管理制度，使明初教育十分发达。其二，自正德以降到嘉隆年间，官学教育日趋死板教条，程朱理学日趋腐朽僵化，于是官学之外书院讲学兴起，"心学"开始在教育上占有与理学相等的地位。这一时期由于资本主义萌芽对市民阶层的影响，教育走向世俗化和普及化，其特点是"心学"推广，书院林立，讲学蜂起，官学教育受到冲击而萎靡不振。其三，从万历张居正改革到明末，经世实学教育日渐形成思潮，从讲究心性转移到关心国家时务政治，尤其到东林书院兴盛时期，"心学"已经变质，一般士子不以个人修养和举业为重，而议论朝政，抨击专制，倡导民主风气，这些已成为后来明清之际进步教育思潮的前奏。

张居正关于教育的目的与功能的思想，是继承了明初务实传统，在批判"心学"教育和整顿当时学政的实践中形成起来的，体现了经世致用的实学精神。

首先，他认为国家兴衰不在天命而在政治。所谓政治，就是政府工作不仅推行富国强兵的养民政策，而且工作效力很高，国家官吏上能忠君效命，下能表率百姓。政治即人治，故"为政在人"。而人才之有在于养，"养士之本，在于学校"（《请申旧章饬学政以振兴人才疏》）。教育的功能就在于为国家造就人才。张居正的人才标准是非常具体的，这就是"能办国家事，有礼于君者"。

张居正认为，要培养这样的实用人才，空疏无用的"心学"是担当不了这个教育任务的。然而，当时的教育却是"心学"的天下。有鉴于此，张居正提出教育改革，全面整顿学校，以推行事功实务的儒家教育。他说，实学乃是儒家的根本精神，"孔子论政，开口便说'足食'、'足兵'……后世学术不明，高谈无实，剽窃仁义，谓之'王道'，才涉富强，便云'霸术'。不知王霸之辨，义理之间，在心不在迹，奚必仁义之为王，富强之为霸也?"（《答福建巡抚耿楚侗谈王霸之辨》）张居正的实学内涵就是富国强兵，实学教育就是指以此为内容和以造就经世致用人才为目的的教育。他说："《记》曰：'凡学，官先事，士先志。'士君子未遇时，则相与讲明所以修己治人者，以需他日之用。及其服官有事，即以其事为学，兢兢然求所以称职免咎者，以供上命。未有舍其本事，而别开一门以为学者也。"（《答南司成屠平石论为学》）要使学校成为造就实用人才的地方，就要抛弃空谈"心学"，纯正学风，端正办学方向，以实学为教育内容以造士，"以足踏实地为功，以崇尚本质为行，以遵守成宪为准，以诚心顺上为忠"（《答南司成屠平石论为学》）。

从财富与道德的关系分析，张居正指出教育的功能只有实学教育才能发挥得出，以"存天理，灭人欲"为宗旨的"心学"教育只能使国弱民穷，根本起不到"建国君民"的作用。因为国家富强了，统治才能巩固，社会才会安定，良好的道德风尚才有物质基础，人们才有可能讲信修睦。"财不足则争，信不足则伪，争与伪大盗之所资也。何以守险？曰人。何以聚人？曰财。财赡而礼义生，即有大奸盗莫之敢乘。昔孔子之论政曰足食足兵而民信之，非不得已，不敢去一。故善为天下虑者，毋使至于不得已也。"（《荆门州题名记》）他批评当时的庸儒只讲"仁义"、"王道"，离其物质前提而大讲"民信"，而且劝人绝人欲以存人伦，这不是从富国强兵的现实性出发，而是以亡国败兵的"不得已"的可能性立论，由此看待教育的功能，夸大道德的社会功能，把教育与国计民生的现实割裂为二，空谈人伦道德，实质上是一派迂腐胡言。他以为足食足兵，国富兵强，人民殷富，则仁义忠信自在其中，就自觉地忠君孝老，安分守己，"苟子之不欲，虽赏之不窃"。哪里还需要什么"存天理，灭人欲"的"心学"聒噪？因此，他主张教育要"务强其根本"，以富国强兵之道来教育和造就人才。

张居正还认为，教育的功能必须在一定法律范围之内才能起到规劝人们道德行为、维护社会秩序、抑制反抗意识的政治功效。人性是有血有肉的，它表现为人生意义的七情六欲，"夫人之可以纵情恣意，有所欲而无不可得者，莫逾于为盗。而秉耒持锄，力田疾作，束缚以礼法，世之所至苦也。安于其所至苦，无所惧而自不为非者，惟夷由鲁史为然。今不曰吾严刑明法之可以制欲禁奸也，而徒以不欲率之，使民皆释其所乐，而从其所至苦，是夷由鲁史而后可也"（《答宪长周友山言弭盗非全在不欲》）。这一观点与王守仁以"致良知"的灭欲之教来破"心中贼"的理论恰好相反，张居正认为人欲是不可灭绝的，人的道德自律能力是有限的，只有在严刑明法面前，人们才有畏罪忧患的道德自制行为。

因此，张居正反对空洞的道德说教，主张在"齐之以礼"的前提下"导之以德"。他认为只有这样，道德教育才会生效。由此可见，张居正关于教育目的与功能的思想是含有法家精神的。

三、教育改革

张居正的教育改革几乎包括当时教育的整个领域：教育思想、教育管理与体制、学校和书院的学风、教师队伍建设、教材、科举考试、教学方法，等等。改革的实际措施是整顿学官、考核和清汰生员、禁毁书院和反对自由讲学。张居正的教育改革有成功也有失败，其教育改革思想有合理的也有糟粕。下面从四个方面作一些介绍。

（一）用教育改革推动政治、经济改革

明代的官学教育与国家政治、经济联系得十分紧密。从学制体系来讲，分中央和地方官学两大系统，两京国子监和所辖的其他中央官学和地方官学无干。各府、州、县、卫均设有学，统称儒学，儒学生员都有一定学额，后因国子监生来源于贡生，所以在教学与管理上互相有了衔接，但儒学归提学官管辖，不直隶于国子监。不论是地方官学或中央官学在经济上都是共同的，即由政府拨款来经办，在校教师都是国家文职官员；在校学生都是以读书为职业的预备官员，享受着优厚的经济待遇和特殊的政治权利。如廪膳生每人每月领米一石，鱼肉盐醯概由官府供给，同时还可按时领衣冠。增广生、附学生数量往往超过廪膳生，虽然他们没有领米的权利，但免役与廪膳生员是相同的，一家之内，除本身外，优免二丁差役。这些秀才们，吃穿不愁，遇役可免。学问优长者或许可考举人进士，为政府干点事，但是大多数一世平庸，永做秀才，终身领米免役，成为国家经济上的负担，这倒次要；可恶的是这一特殊阶层人物借助各种连带关系，上下串联，形成一股非正常组织的政治势力，对上影响政风、学风，对下则横行乡里，为非作歹，早在正德正统年间就成为社会不可轻视的政治势力，有些人名为"学子"，而实为"学霸"。到嘉靖隆庆年间则更是气焰嚣张，有的借助书院讲学，摇唇鼓舌、煽动朝野，有的甚至扰至京师，"以言乱政"，"大者摇撼朝廷，爽乱名实；小者匿蔽丑秽，趋利逃名。嘉隆之年，深被其祸"（《答南司成屠平石论为学》）。隆庆年间张居正曾提出改革方案，但因"近年以来，习尚尤靡，致使是非毁誉，纷纷无所归究"（《与李太仆渐庵论治体》）。万历以来，张居正身为首辅，锐意政治经济改革，为了扫除改革障碍，他决定进行教育改革，并以此来推动政治、经济改革。

张居正认为"天下之势最患于成，成则未可以骤反"（全集之文集卷十一《杂著》）。明代二百年来，"人乐于因循，事趋于苦窳"（《与李太仆渐庵论治体》）。骤然提出整顿学政，就势必要得罪天下知识分子。所以他决定先巩固自己的政权，在政治、经济改革取得一定成就的条件下再提出教育改革的计划，而在此之前对教育现状作充分的调查、研究，以便为制订周密的教改计划作准备。直到万历三年（1575 年），张居正才上《请申旧章饬学政以振兴人才疏》，明确地向全国宣布要开始进行教育改革。万历七年，在教育改革取得一定成绩的基础上，他提出禁毁天下书院，这时候整个国家的教育改革已成为政治、经济改革的一个重要组成部分了。

（二）考核提学官、教官、教师

《请申旧章饬学政以振兴人才疏》提出，学校是养士之本，学校能否办好关键在于儒学教官，而能否管理好儒家教官又关键在于各省提学官。所以，结合吏治，张居正提出教育改革的关键是整顿各级学政，改革的重点是地方官学，具体措施是全国自上而下地考核提学官。他说："近年以来，视此官稍稍轻矣。而人亦罕能有以自重，既无卓行实学，以压服多士之心，则务为虚谈贾誉，卖法交养。"因为"贞教端范，在于督学之臣"，所以，由吏、礼二部按照《请申旧章饬学政以振兴人才疏》诸条款要求严格考核在任提学官，并要求"抚按以此核其能否，部院以此定其黜陟"。提学官之职，"非经明行修、端厚方正之士，不以轻授。如有不称，宁改授别职，不以滥充"。张居正明文规定了提学官的职责，严格考成，赏能罚庸。由于提学官受到了上司的监督，秉公执法，听命朝廷，所以教育改革得以全面展开。改革在于得人，教育更不例外，这一思想是很可贵的。

提学官整顿之后就是儒学教官和教师的整顿。张居正说："群居教习，又在儒学教官。"但是因近年来"考贡之法太疏，士之衰老贫困者，始告授教职，精力既倦于鼓舞，学行又歉于模范，优游苟禄，潦倒穷途，是朝廷造士育才之官，为养老济贫之地，冗蠹甚矣"（《请申旧章饬学政以振兴人才疏》）。有鉴于此，张居正提出两条措施，一是全国考核各级儒学教官，凡学业荒疏，不堪师表者，年老已衰者，概行黜退；年力尚壮者送监肄业，以须再试，量能而授教职，不准滥竽充数。二是改革教师取用制度，《议处就教举人疏》提出，官学教师应在会试副榜进士落第又愿意从事教育的举人中考试录取，根据各人学识高低再分派到各府、州、县儒学任教职，必须任教三年后再许有一次科举考试和改任他职，以保证教师队伍的稳定和质量。张居正曾在万历五年（1577年）亲自出题考试就教举人，并根据考试成绩授予三百六十八人以教职，加强了师资建设，提高了师资素质。

（三）严格学校管理制度

张居正指出："廪膳、增广旧有定额，迨后增置附学名色，冒滥居多。今后岁考，务须严加校阅。如有荒疏庸耄，不堪作养者，即行黜退，不许姑息。""童生必择三场俱通者，始行入学，大府不得过二十人，大州县不得过十五人，如地方乏才，即四五名亦不为少。"这就是要清汰府州县学生员，严格控制在校人数和把好入学关，选拔学识优异而年轻力富的学生入学造就。另外，对于已在校的学生，张居正指出要通过全面考核，依据学识品行优劣而予取舍。长期在校而又不谙文理的生员，"廪膳十年以上，发附近处充吏；六年以上，发本处充吏。增广十年以上，发本处充吏；六年以上，罢黜为民"。入校就读的和考试合格留下的学生，都要严格遵守学校制度和洪武年间制定的卧碑条款，除专心读书之处不许过问政治，不许聚党空谈，在考试中不许徇私舞弊，违者均以刑治。这种专制主义的文教政策和管理办法，在今天看来当然是反动的，在当时改革纠偏也未免苛刻，不过，对于健全学校各项管理制度，整顿学校和学风，也不失为一种强有力的手段。

（四）禁毁书院，反对自由讲学

他于万历三年的《请申旧章饬学政以振兴人才疏》中就曾提出："今后各提学官，督率教官生儒，务将平日所习经书义理，著实讲求，躬行实践，以需他日之用。不别创书院，群聚徒党，及号招地方游食无行之徒，空谈废业，因而启奔竞之门，开请托之路。"但当时考虑到士习"凋敝已极"，"积废既久，举当以渐"，担心"聚于操急，人或不堪"，于是就先以整顿学校教育为主。万历七年（1579年）正月，在上年清丈全国税田取得巨大成就的条件下，张居正觉得官学改革已很成功，现在是书院改革的时候了，于是颁诏全国禁毁书院，收征学田。据《明通鉴》载：万历七年，因常州知府施观民"以科敛民财私创学院，坐罪褫职。而是时士大夫竞讲学，张居正特恶之，尽解各省书院为公廨。凡先后毁应天等书院六十四处"。张居正不满书院"心学"教育，更嫉恨以敛财为目的，尖锐指出："今之谈学者，则利而已矣，乌足道哉？"（《答郑藩伯》）张居正禁毁书院不仅是一项教育改革，同时也是政治、经济改革深入的体现，它打击了"心学"教育和清洗了以反对改革为日的的讲学基地，在一定程度上教训了改革的反对派。同时，他采取釜底抽薪的办法，征收学院学田，一方面使宣传"心学"的理学家失去敛财资本，另一方面书院学田的征收也增加了国家财政收入，有利于政权的巩固和边防建设，如万历七年征收白鹿洞学田一千余亩以充边需就是最好的证明。但是，他没有把握好火候和政策，清丈全国土地和整顿学校已激起了地主士绅和知识阶层的不满情绪，接着就大规模地禁毁全国书院，反对自由讲学，这必然得罪了天下读书人，使自己成为众矢之的倒还次要，更严重的是使改革失去了知识分子这个阶层的支持，为其身后改革成就即被推翻埋下了隐患。这一历史教训是应当记取的。

四、太子与小皇帝的培养教育

张居正长期从事教学实践，特别是把一个不满八岁的太子培养成一位独裁的国家君主，这十二年的教育，使得他的教育思想更具有经验性、理论性和系统性的特色。

隆庆四年（1570年），张居正向穆宗皇帝建议皇太子应出阁讲学，但是穆宗皇帝认为太子不满八岁，尚幼儿童出阁讲学恐劳身心，待十岁后再读书不晚。张居正从儿童心理发展角度用力地论证了早期及时教育的必要性，说服了穆宗。他说："盖人生八岁，则知识渐长，情窦渐开，养之以正，则日就规矩；养之不正，则日就放逸，所至关重也。"（《请皇太子出阁讲学疏》）他认为皇帝的儿子也和庶民百姓的儿子一样，在智力上并没有什么特别的地方，在先天素质上也没有本质的区别。然而，要使皇太子成为贤明道德的君主，教育不仅要及时进行，而且还要讲求高质量，要施予高于百姓儿童之上的特殊教育。故"作圣之基，以养而成"。太子八岁，"正聪明初发之时，理欲互胜之际，必及时出阁，遴选孝友敦厚之士，日进仁义道德之说，于以开发其智识，于以薰陶其德性"。这就是说早期教育对于开发智力、培养德性很关键。皇帝为一国之主，贤愚不肖干系一国民生祸福，所以"天下之本，以早教而端也"。"早一日则有一日之培养之益，迟一年则少一年进修之功。"皇太子朱翊钧是个智力正常的儿童,五岁时开始识字。八岁时成为张居正的学生,开始进入正规教学阶段。一年半后,他的学习进步很快,不仅识得许多的文字,而且知道了不少的国家大事。张居正是一位极严厉的老师,皇太子十分敬畏,以致当他在宫内淘气时,他的母亲说一句"我告诉张先生去",就可以把他镇住。但是,他是十分乐意向"张先生"学习的,据史载他从无厌学的情绪。这可见张居正对儿童教学是很有方法的。

不久,十岁的小学生因父去世而接班当了皇帝,这就使得张居正的教学有了特殊意义。由于隆庆间的权臣倾轧,内阁里只剩下张居正一人支撑局面,因此如何继续神宗小皇帝的教学问题就必须由张居正周密考虑了。他重新组阁,从办理国家事务和教育神宗这两个迫切的现实需要出发,他选拔了在辛丑会试时志同道合的儒臣吕调阳。神宗即位不久,他们二人就合奏了《乞崇圣学以隆圣治疏》:"窃惟自古帝王,虽具神圣之资,尤必以务学为急。""伏思培养君德,开导圣学,乃当今第一要务。"教学是国家政治的头等大事,故讲学之事不可拖延。但鉴于神宗还有政务工作,所以张居正拟订教学计划以"日讲"为主,以"经筵"为辅,以周密的课程计划来组织教学。"日讲"即每日给皇帝上课,这是十分严格的教学,与正规官学教学一样,有讲读、背诵、练习、复习、问答、检查等具体规定与要求。"经筵"则是一种典礼隆重的教学形式,有春讲和秋讲的规定,均在每月逢二的日子举行。"日讲"和"经筵"是明初确立下来的专为皇帝讲学的教育制度和教学形式,张居正就借助这种形式组织了十年的神宗教学。

张居正对太子、小皇帝的培养教育有五个特点或经验。

（一）根据儿童心理特点

张居正不仅提倡早期教育，而且对儿童心理颇有研究。他认为神宗皇帝乃一十龄幼童，书本上的高深道理光凭讲读难于领会，因此，应当使教材具有直观性、趣味性、故事性，寓理于故事之中。隆庆六年（1572 年）十二月，他亲自组织一批翰林为神宗编纂了第一部生动有趣的教科书《历代帝鉴图说》。这是一部绘图立说的故事书，选自尧舜以来的君主，摄其善可效法者八十一事，恶可警戒者三十六事，在每一事前各绘一图，图后辑录传记本文，并且将本文直解附在后面。他把善者编为一册，恶者编为一册，虽"条目仅止百余，而上下数千载理乱之源，庶几略备矣"。这种教材假像于丹青，语言浅显易晓，使小孩触目生感，十分爱读。神宗在文华殿见到张居正捧着这两册故事书，心花怒放，喜动颜色，快活得跳起来，忙叫左右把《历代帝鉴图说》展开，让"张先生"从旁指点讲解。张居正在一旁也很高兴，一片深情地教导皇上："把这些善的，作为自己的榜样，仿效他们时时担心自己赶不上他们；把这些恶的，用来时时警惕自己，约束自己的言行，害怕自己成为这样坏，要如同害怕手插入开锅的煎油一样。今后，哪怕生一念头，办一事情，都应当把它们作为一面镜子，可不能胡来啊！"小皇帝听着，连连称是。张居正讲课都用白话教学，所用的教材为了便于神宗温习，都印有白话直解。如《四书直解》《资治通鉴直解》《尚书直解》《诗经直解》《皇陵碑》等，都编得通俗浅显，明白易懂。可见张居正是十分注意直观教学的。

（二）严立课程，系统教学

自开始"日讲"的那一天起，张居正就给神宗制定了一份周密的课程计划，并且在实践教学时严格执行，不断进益修补。这份计划规定了教材、教学时间、教学形式、教学过程、教学方法，从读、讲、复讲、质疑、温习、作业、检查等环节的连续性来看，它与近代西方阶段教学过程的情况没有什么差别，所不同的是西方采用的是班级教学形式，一师教多人，而张居正采取的是特殊教学形式，即多师教一人。"日讲"时伺候神宗的有讲读官、内阁学士、翰林文学名士、词林高手等。张居正拟订的这份教学计划很有特色。第一，它规定了严格的学习次序和各阶段的学习任务，同时也注意课间休息，每一阶段的时间都不太长，适合了儿童学习意志不易持久的特点。第二，把读书进学与政事锻炼密切结合起来，在学习过程中突出以学为主，兼习政事，学习为政，以政辅学。如在少憩时要求阅览奏章，不明白处即时询问。第三，课后布置自学任务，如温习所讲课业，背诵所讲内容，预习新课，习字等。神宗的母亲年轻但严厉，平时督责儿子读书十分认真，在书没有熟读时便罚在地下长跪。每在讲课之后，神宗回到宫中，她命令儿子复讲、复习功课。随着神宗年龄的增长和知识的积累，张居正不断地修改教学计划，注意教材内容的系统性和教学目的的一致性。如学习经史的同时，紧密联系现实国家政治事务的处理，有意培养从政能力等，皆循序渐进。

（三）从难从严，锐意学问

张居正说："天下无不可为之事，艰难困惫，忠智实由以表见也。"（《与边镇巡抚王西石》）凡人必有压力才有进步，"人而不激，乌有建树"，这是他的口头禅。所以他在教学实践中一贯坚持从难从严的原则。他说："《书》称：'敬敷五教在宽'。所谓宽者，殆以人之才质，有昏明强弱不同，须涵育熏陶，从容引接，使贤者引而就焉，不肖者企而及焉。如是而已。"（《答南学院周乾明》）这就是说，所谓宽是讲要因材施教，而不是放纵姑息，相反，宽与严是一致的。宽者，调动学生积极性，充分地认识和全面地把握学生的个性特征。所谓严，就是要求从这个"宽"的基础上从难从严地实施教学，最大限度地改善教学效果。

然而，神宗毕竟是皇帝，不像一般百姓家的子弟可以随意要求，弄不好是要掉脑袋的。但是，张居正以"学为君"的道理晓喻皇帝，并在实践上严格教学，严格要求神宗。一次，神宗朗诵《论语》漫不经心地读"妄口经"，竟把"色勃如也"读作"色背如也"。在旁站着的张居正马上厉声说："应当读作'勃'字。"神宗悚然而惊，十分惶恐，在旁的几位教官大臣也大惊失色，深为张居正冒犯天威而大捏一把汗。然而，张居正正是以这种从严精神来规定、讲授、检查神宗学习的。他要求神宗"日讲"风雨不辍，寒暑无间；日进新课，在内容和难度上不断提高，同时调动神宗自觉乐学、苦学。张居正的教学方法是成功的，他曾写信与朋友满意地说："主上锐意学问，隆寒不辍，造膝谘访，史不殚书。"（《与河道万巡抚论河漕兼及时政》）又说："主上虽在冲年……日御便殿讲读，因而商榷政事，从容造膝，动息必谘，仆亦得以罄竭忠悃，知无不言，言无不信。"（《与王鉴川言虏王贡市》）

在张居正的严教之下，神宗进步很快，三年后不仅能阅读儒经，而且书法、诗文也很有造诣。因此，神宗产生了自满情绪。有鉴于此，张居正马上劝诫道："帝王之学，当务其大。自古以来的贤主，都是注重修德行政、治世安民，不以一艺。"由此，张居正在教学计划里减少习字而增加对经书、历史、祖规遗训、奏章等的阅读，并指出读书练政，在于经世致用、治国平天下；死记章句文字，沉于一艺之能，只不过是一般儒士所为之事而已。万历三年（1575年），张居正上《郊祀图考》三册，让神宗学习礼乐；万历四年，让神宗在阅览奏章时兼读先皇所亲批奏疏以为法；万历五年，开始把政治实务作为重点学习内容；万历八年，神宗完成了四书五经和一般经史子集的书本学习，从政能力有了相当的水平；万历九年，由过去的直讲方法改成切磋讨论法教学，张居正拨翰林中英俊特异、文学优赡者每日四员，轮番与同日讲官入文华殿，侍读神宗，应制赓酬，文史词翰，撰述讨论，应和文章等。这样长期系统的教学使得神宗不仅成了学问丰富的文士，而且也成了一位卓识能干的帝王。

（四）启发诱导，教学与治政结合

张居正教学绝不把纯知识教学作为目的，教学只不过是为了明白治国道理和培养治国能力而已。因此在教学时他总是采取循循善诱的启发式教学方法，使神宗在学习知识的过程中将知识与政治融为一体。有一次卜《历代帝鉴图说》中汉武帝劳军细柳一节，张居正给他讲解故事时联系现实说："皇上当留意武备。祖宗以武功定天下，承平日久，武备废弛，不可不及早讲求也。"神宗听了连连称是。又如，有一次张居正进讲历史，谈到宋仁宗不喜珠饰。神宗说："贤臣是国家之宝，珠玉有什么益处！"张居正说："说得好！贤明的君主贵重五谷而鄙贱珠玉，五谷可以养人，而珠玉这玩艺儿，饿了不能当饭吃，严寒不可以当衣穿。"神宗马上接道："先生您说得是。今日宫人好打扮、讲奢侈，朕岁赐必须有所节省才对，您说对吗？"张居正马上鼓励："皇上说到这份儿上，真是社稷生灵的福气！"神宗又说："秦始皇销毁天下兵器，可是梃却可伤人，结果秦朝还是灭亡了。先生，您说说他为什么要销毁兵器呢？"张居正面对神宗这天真的提问，耐心地解释道："道理是这样的：作为国君应当广布德泽，修明政治，以赢得百姓的信任，这是治国的根本。秦始皇销毁天下兵器，目的在于防范人民造反。然而，天下的灾患往往是出于所防范之外的，您看这秦朝，不是败亡在一群手无寸铁的戍卒手里了吗？所以说，天时不如地利，地利不如人和。"神宗越听越入门道，深有领悟地说："先生说得是。人一定是真正能胜天的。"

由此二例可见，张居正的教学气氛是多么的和谐和活跃，也正是有了这种气氛，启发式教学才能生效。

（五）重视教材建设，强调充分备课

张居正给神宗皇帝上课，实际上是一项必须谨慎努力的政治工作。尽管他博洽多才，学问宏富，但每次上课那是绝对不能马虎的。他主持"日讲"、"经筵"，所用的教材虽说是传统的儒经祖训，但是他在内容的诠释上和编排次序上是很花了工夫的。他把原来深奥难懂的经史子集按神宗的知识水平和理解能力，一一译成白话直解。经他讲解的讲义后辑成书的，据不完全统计有如下几册：《四书直解》二十七卷，《通鉴直解》二十八卷，《诗经直解》二卷，《历代帝鉴图说》二册，《女戒直解》一卷，《谟训类编》四十卷。此外，他还选录了《皇陵碑》、《高皇御制集》、《郊祀图考》三册，重新删定《大学》一册、《虞书》一册、《通鉴》四册等。未见之于书册的还有《职官书屏》《疆域地图》等。

这些教材不仅是当时宫廷教育的珍本，而且在儒学经典教学研究方面至今仍很有参考价值。

不仅如此，张居正在教育改革中还对官学教材有所规定，强调国家以明经取士，教材概用钦定《四书》《五经》《性理大全》《资治通鉴纲目》《大学衍义》《历代名臣奏议》，考试内容亦不得超过此范围。这些规定对明代后期官学教育与科举起了一定的影响。

总之，张居正作为明代中后期杰出的政治型的教育家，其教育思想有许多进步的因素和合理的成分。但是，他的教育思想和教学实践都是为明王朝政治服务的，表现了浓厚的专制主义政治色彩。他压抑和打击了明代隆庆万历年间的民主讲学风气，并且以残暴的手段镇压反抗专制统治的知识分子何心隐等人，在教育改革中采取过火政策，在客观上违背了自嘉靖以来资本主义萌芽发展所不可阻挡的教育发展趋势，在一定程度上影响了教育的世俗化和普及化。

第
八

王夫之的教育思想

一、王夫之所处的时代及早期启蒙思潮

王夫之（1619—1692）生活在明清之际社会急剧变革的时代，农业、手工业、商业有了进一步发展，自然经济受到刺激，开始解体，在封建社会母体内孕育着资本主义萌芽，市民阶层、工商业者兴起，逐渐形成一种社会力量。世界范围内，正是资本主义已经开始其早期的殖民活动的时期。西方的商船来到中国，他们购买了中国大量的丝绸、陶瓷、茶叶，中国大量流入白银，刺激了商品经济和工商业的发展。而且西方国家的科学如天文、地理、数学以及实用科学技术、哲学、逻辑学等"海外奇闻"通过传教士传入中国，开阔了中国人的视野。西方自然科学和中国自己的自然科学结合，启发了敏感的知识分子。加上国内阶级矛盾和反抗清贵族统治者的民族斗争也极其尖锐，大地主阶级兼并掠夺土

第
八

王
夫
之
的
教
育
思
想

地，加强对农民的剥削和压迫，使农民日益贫困，中小地主阶级也遭到极大的威胁。在这种形势下，一批出身于地主阶级中下层的知识分子，多被卷进了当时抗清的民族斗争，通过这一斗争实践而接触到社会现实和民间疾苦。他们震惊于当时的政治变局，利用他们的文化教养，对他们认为导致明朝覆亡的封建专制主义和封建蒙昧主义，进行了反思和批判，从而掀起了一代启蒙思潮。

"十七世纪的中国，社会大震荡中出现了一批先进思想家。他们以一定的历史自觉，异口同声地指出，这是一个'天崩地解'（黄宗羲）的时代，是'已居不得不变之势'（顾炎武）的时代。在文化思想方面，他们意识到：'六经责我开生面'（王夫之），'坐集千古之智，折中其间'（方以智），'虽百千年同迷之局，我辈亦当以先觉觉后觉'（颜元）。"（肖萐父 等，1983）

这一思潮的特色是宏伟博大，他们研究领域宽广，在哲学、历史学、政治学、地理学等方面贡献甚多，也涉及教育理论与方法。

这一思潮富于批判的精神，矛头指向封建专制主义和传统的宋明理学，并表现出某些越出封建藩篱的早期民主主义的意识。

这一思潮注意从当时自然科学的成果中吸取思想营养，并开辟了一代重实际、重实证、重实践的新学风。他们痛斥宋明以来"空谈性理"的学风，主张培养经世致用的实用人才，提倡"实学"，重视自然科学和技艺的学习，提倡"主动"、"习行"的教学方法。他们还猛烈地抨击了封建文化和学校教育、科举制度的弊端，并提出了具有初步民主思想的教育改革意见。这些在教育思想史上是有重大意义的。

这一思潮与 18 世纪法国资产阶级大革命前夕出现的反对封建蒙昧主义、论证资本主义合理性的思潮来比，还存在着明显的时代差距。若与欧洲文艺复兴来比，却有某些相似之处。欧洲文艺复兴产生的经济条件是：在 14、15 世纪，地中海沿岸的某些城市已经稀疏地出现了资本主义生产的最初萌芽。16、17 世纪中国的长江中下游也有类似势态。欧洲文艺复兴的主旨是人文主义，其批判锋芒直指中世纪的神学蒙昧主义、禁欲主义。中国明清之际的先进思想家们则将批判的矛头指向理学中的僧侣主义和禁欲主义。在论述方式上，欧洲文艺复兴巨匠们"言必称希腊"，常请来古希腊文化；而中国明清之际大师们"言必称三代"，常搬出带有氏族民主制意味的"三代"理想。但这都不是复古，而是"托古改制"。

这一思潮存在的时间不很久，现实社会不允许这种具有反抗精神和民族意识的思潮进一步发展。当清朝的统治巩固，这一思潮必然要转向、蜕变，逐渐地隐没。

二、王夫之生平及教育活动

王夫之，字而农，号姜斋，湖南衡阳人，因晚年住在衡阳的石船山，所以人称他为船山先生。他出身于中小地主阶层的知识分子家庭。他的父亲朝聘、叔父廷聘，都以授徒讲学和研究学问为业，王夫之自幼随从他们学习。

据说王夫之自幼聪明过人，七岁时已读完了"十三经"，人称他为"神童"。十四岁时考中秀才。二十四岁时到湖北参加崇祯壬午科乡试，与他哥哥介之同时中举。就在他就读于县学之时，明朝已处于内外交困之中。崇祯十二年（1639 年），他第三次参加科考落第后，意识到国家民族危机，以"东林"、"复社"为楷模，与郭秀林等一班青年，组织了"匡社"。明亡，为了阻止清兵南下，他曾与管嗣裘等于衡山举兵抗清，终因寡不敌众而败，逃到肇庆。后在桂王的南明政府充当翰林院吉士，不久因反对当时内阁王化澄与太监夏国祥弄权卖国，弃官归里。后又迁徙到湘西金兰乡的石船山，造土室"观生居"闭门著书。他始终不肯剃发，为了躲避清政府的追捕，一直幽居在偏远荒凉的深山之中，发愤著述，先后达四十年之久。他的主要著作有《船山遗书》七十七种，二百五十卷。与哲学、教育、政治有关的著作有《周易外传》《尚书引义》《读四书大全说》《张子正蒙注》《思问录》《俟解》《黄书》《噩梦》《读通鉴论》等。

王夫之的一生除著书立说之外，就是对"及门诸子讲学"。他的教育活动有以下特点——

第一，他把巨大的学术研究工作与长期的教学活动结合了起来。他有时是先作学术研究，然后用研究工作的成果来教弟子，如《礼记章句》《周易内传》等，都是为"授徒计"而写的；有时则先口授而后再整理成书，如《春秋家说》《四书训义》等，都是当时教学生的"口授讲章"，有问有答。

第二，是对以往的教材和思想资料采取批评的态度教给学生。他在对学生施教的过程中，经常为诸生"剖示学术的源流"，以继承并发展"张横渠之正学"，来克服理学、心学的谬误，批判陆王心学，改造程朱理学，扬弃玄学佛学。

第三，是对教学工作鞠躬尽瘁的精神、坚持不懈的毅力。王夫之的教学活动与其著书立说的活动一样，是在恶劣的环境和生活条件下进行的，但他以不屈不挠的精神，一直坚持到死为止。他的儿子王敔述说其教学生活时，曾有这样一则故事：王夫之与"从游诸子"，讲所注《礼记》，常常夜谈至鸡鸣。有一天夜里，北风呼啸，寒冷异常，有盗贼者至，"窃听而异之，相戒无犯焉"，他的教学精神，感动了盗贼。更可贵的是，他晚年虽身染重病，仍诲人不止。在他六十七岁时，"从游诸子求为解说《周易》"，因为他久病体弱，形枯气索，畅论为难，不能为弟子口授讲说，于是，"乃于病中勉为作传"（即《周易内传》和《周易外传》）函授诸生，以"恒其教事"。这种情况在他六十七岁以后是常有的事，一直到年近七十，因病日重，身体日衰，才"从游者渐少"。

第四，是与学生同甘共苦。他的后半生，大多是与从游诸生及故友共同度过的。当时，他连生计都有困难，往往与弟子"昼共食荑，夜共燃藜"，"贫无书籍纸笔，多假之故人门生，书成因以授之"。他的生活来源也多靠门生资助，从三十六岁教书开始，就过着这种生活。他开始教学时，连讲堂都没有，"借僧寺授徒"，后来学生日多，徙归续梦庵。四十二岁时，又筑舍名败叶庐，不久又添造了观生堂，最后又修建了湘西草堂，这都是些极简陋的土室茅屋，为的是解决日益增多的学生居住问题，而设馆授徒，又是他用以维持生活的唯一来源。（李国钧，1984）

王夫之的治学精神、教学态度和他的宏伟论著一样，都已成为我们中华民族的宝贵财富，激励后人奋然而前行。

三、日生日成、继善成性

王夫之作为我国 17 世纪的伟大思想家，通过总结历代的治乱、得失、兴衰、存亡的经验教训，建立了进步的宇宙观和历史观。在哲学观上，他认为世界由"气"组成，"理在气中，气无非理"，理依"气"而存在，在此基础上，他又提出了"器先道后"的观点。在认识论上，王夫之主张通过与外界客观事物接触而认识事物，获得知识，要透过现象看事物的本质。在社会政治观上，王夫之反对"一姓私天下"的封建专制主义，反对封建统治者的横征暴敛，主张保护士、农、工、商的利益，开发富源。这是明清之际资本主义萌芽在思想领域中的反映。

王夫之基于自己的思想体系，对古代教育思想家们提出的若干教育理论问题，提出了自己的见解。他对这些问题的解答有其较为完整的体系。

王夫之关于人性的观点，有其特点。在中国哲学史上，自先秦诸子至宋明诸儒，都局限在性的善、恶方面，而王夫之却主张人性是后天学习而成的，是"日生则日成"，"继善成性"的。从而他认为，教育在人的形成和发展过程中，有三方面的作用：一是可以影响人的"先天之性"，使其潜在的认识能力得到增强与发展；二是通过教育和学习，取得知识才能，形成道德观念，他称之为"习性"，即"后天之性"；三是通过教育的手段，可以革除"失教"或教之不当而形成的"恶习"。

王夫之认为，人性是一种人类所具有的潜在的发展能力，这也就是王夫之所讲的"先天之性",即指"天实有"的"自然之质",主要是指人的耳、口、目、鼻、心等感觉器官及其潜在的发展能力。它们的潜在功能,与动物有本质的区别,是人类所独有的,这里主要是指人的认识器官的潜在机能,特别是具有思维能力的"心之官",是人所独有的。正像马克思所说的:"动物和它的生命活动是直接同一的。动物不把自己同自己的生命活动区别开来。"(马克思,1979)而作为"先天之性"的"自然之质",耳、目、口、鼻、心,在王夫之那里被统称为"生之理"——"先天之性"。

王夫之把人性分为两种,即"先天之性"和"后天之性"。"先天之性""天成之","后天之性""习成之"。无论是"先天之性",还是"后天之性",从运动发展的观点来看,他统称之为"生"。"生",即生长,"先天之性"在不断生长,"后天之性"也不断生成。他说:"性者,生理也,日生则日成","命日生,则性日成"。(《尚书引义》卷三)在这里,王夫之把人性解释为"生",其含义,不但是指人的机体和感官量的增加,而且更重要的是人的天生机能在生长,人们对客观事物的认识潜能在不断发展。而这种发展全在"习"之一字,即环境的影响(广义的教育)和实施教育的结果。故曰:"习成而性与成"。这里是指通过教育对天生感官的使用,"日用而日生"。所以王夫之肯定地说:"五官……天之所赋,虽各效其灵,而非学则无以尽其材。"(《礼记章句》卷三十一)"尽其材",才能"尽其性"。"性"与"教"的关系,是"体"与"用"的关系。故王夫之说:"教者皆性,而性必有教,体用不可得而分也。"(《读四书大全说》卷三)人的自然属性，是人的社会性的物质承担者，也是教育的物质承担者。

王夫之反对"生而知之"的观点，认为人的知识才能、道德观念是后天形成的，是学习和教育的结果，他称之为"习性"。"学为成人之道"，"人之性随习迁"。教育不是"复性"，而是一个"继善成性"的过程。他说："道之不息于既生之后，生之不绝于大道之中，绵密相因，始终相洽，芹宣相允，无他，如其继而已矣……滋之无穷之谓恒，充之不歉之谓诚，持之不忘之谓信，敦之不薄之谓仁，承之不昧之谓明，凡此者所以善也，则君子之所以为功于性者，亦此而已矣。继之则善矣，不继则不善矣。天无所不继，故善不穷；人有所不继，则恶兴焉。学成于聚，新故相资而新其故；思得于永，微显相次而显察于微……天命之性，有终始，而自继以善无绝续也。"（《周易外传》卷五）

"继善成性"的"继"，"谓纯其念于道而不闲也"（《张子正蒙注》卷四）。"继善"，是通过力行实践，掌握自然的和社会伦理的变化之道，而"存之又存，相仍不舍"，为有功于性，客观之道转化为主观，就是"继善"的意思。"成性"就是利用人性中潜在的"知"、"能"，进行创造性的活动，在"继善"的日生不息中，逐渐做到"取多用宏"、"取纯用粹"，通过"用"，使"人性"相对固定起来，即成为"性"的新成分而继承下去，丰富起来。所以他说："成，犹定也，谓一以性为体而达其用也，善端见而继之不息，则终始一于道，而性定矣。"（《张子正蒙注》卷三）

总之，王夫之认为"性者天道，习者人道"，"性"与"习"是统一的，"天人相为有功"；而形成后天的"习性"，因此，人性的善恶，并非天定，"性为最初之生理，而善与不善皆后起之分途也"（《四书训义》卷三十五）。这就是说，人们的道德观念和行为，是由环境和教育的力量，是"立教育增于有生之后"的，而并"非性之本然"。知识才能亦然，"非生知"，而是"学知"，"学焉而始能"。反之，若教衰学废，还会染于恶习而堕落。他恳切地说："今天下犹是人也，有人之生，则具人之质，非尽无廉耻朴诚之心也，而教衰于上，学废于下，人丧其质，以趋于私利变诈之习。"（《四书训义》卷十八）

王夫之对教育的功能，有着明确的认识。他从正反两方面阐明了决定学者知识才能和思想品德等发展的教育。教育与学习，在人的发展过程中，是起决定作用的，"学为主而性不能持权"（《张子正蒙注》卷三）。所以，自然素质的"先天之性"，在人的发展中，只是可以学习的潜在能力，并非决定性的作用。人生来只具有能学习知识、技能和形成思想品德的"材质"，而绝非如宋明理学家所说的，生来就具有知识、品德。这些都是"学得"的，"才能得自学后"，绝非在学之先。若教育能"尽人之材"，则"人人皆可以为尧舜"。由此足以见教育在人的形成和发展过程中的重大意义。

"人性随习易"，而"习且与性成"。王夫之非常重视学者习惯的培养。他说："孟子言性，孔子言习。性者天道，习者人道。《鲁论》二十篇皆言习，故曰：'性与天道不可得而闻也。'已失之习，而欲求性，虽见性且不能救其习，况不能见乎！"（《俟解》）他又说："人之皆可以为善者，性也；其有必不可使为善者，习也。习之于人大矣。耳限于所闻，则夺其天聪；目限于所见，则夺其天明。父兄熏之于能动能言之始，乡党姻亚导之于知好知恶之年，一移其耳目心思，而泰山不见，雷霆不闻……故曰：'习与性成'。成性而严师益友不能劝勉，酦赏重罚不能匡正矣。"（《读通鉴论》卷十）

这说明习惯的力量的巨大，它可以改变人们的天性。若人于幼年受到不良家教和不良环境的影响，虽严师益友厚赏重罚，也难以改变他们的习惯。因此，王夫之主张必须从小就注意学者良好习惯的培养，这一点，在教育上是很重要的。同时他也指出，不是说人的所有"习性"都是正确的，皆是"善"的。所以，环境和教育的作用，一方面可以形成学者的好"习性"，另一方面还可能形成另外一种"习性"，他称之为"恶习"。因此他主张人应重视所习，要"自强不息"，要"熏之陶之"，要加以"琢磨"、"修饰"之功，如此就能多善。失教失导，即为下愚。由此可见王夫之是十分重视教育的作用的。

四、 知行并进、 学思结合

王夫之反对理学家们提出的"存天理，灭人欲"的道德观。他主张"天理"即在"人欲"之中，二者是统一的。他认为"终不离人而别有天，终不离欲而别有理也"（《读四书大全说》卷八），"有欲斯有理"（《周易外传》），"理与欲皆自然而非人为"（《张子正蒙注》），王夫之不承认有脱离"人欲"的所谓"天理"，"天理"是寓于"人欲"之中的，不可灭"人欲"以求所谓的"天理"，他把人们正当的物质利益要求，即"人欲"看做是人类生存所不可缺少的。他认为只有使人们在物质方面的满足,在精神方面得到鼓励,即满足人们正当合理的"人欲",才能激发人们的"自爱之心",以用于实践。因此,他认为绝对不能灭人欲以求天理,禁欲、窒欲都是阻碍人性发展的。在这种主张之下的教育,就要重视人性的发展,满足人们的欲望,要推己及人。当然,王夫之也不赞成纵欲,而主张给予适当的节制和疏导,主张节欲而反对灭欲。这反映了传统儒家的特点,表现为对人生的极端冷静、理智的态度,既不提倡禁欲,也反对不加限制的纵欲;既不盲从非理性的权威,又不放弃拯救社会的责任和对个体人格的尊重。这些在王夫之思想上都得到了充分的、集中的体现,同时也是适应资本主义萌芽和新兴市民阶级需要的,有着要求解脱封建束缚的意义。

王夫之在知行关系问题上,既不同意朱熹的"知先行后"之说,也不同意王守仁的"知行合一"之说。他主张行先知后,知行并进,互相为用。

他认为物质世界是可以被认识的,人们通过实践取得知识,由低级到高级不断地发展,就能逐步认识客观世界。他反对朱熹的"知先行后",认为"汲汲于先知以废行",是企图把学者困疲于知见之中;也反对王守仁的"知行合一"知行混同,"销行以归知","以知为行"。他认为任何知识、任何道理都不能离开事物单独存在,即不对事物作充分的考察和调查研究,是不能取得任何知识的。他认为理性知识和感性知识是不可分割的,离开感觉材料的所谓理性知识,是靠不住的,同时他还把"行"当做检验"知"的标准,认为只有通过实际行动的检验,才能证明人所获得的知识是否可靠。

王夫之强调知行并进,行先知后,在教育理论上是一个重要的突破。一方面,他肯定了知事源于行,"知也者,固以行为功",认识来源于"行"。世界上没有"不行而知"的事情。行可以检验知,知又是为了行,"行焉可得知之效也,知焉未可得行之效也……行可兼知,知不可兼行"(《尚书引义·说命》卷三),从而否定了传统教育中那种严重脱离实际、死读书以及灌输空洞烦琐僵死教条的恶劣学风。另一方面,王夫之又提出知和行互相为用,不能混淆,即反对单凭直觉顿悟和一念发动,以知代行,或以行代知。因为知行各有功用,不能混一,不能代替。

王夫之认为,学与思的关系,是互相结合、互相补充、互相依赖的关系。他说:"致知之途有二:曰学曰思。学则不恃己之聪明,而一唯先觉之是效,思则不徇于古人之陈迹而任吾警悟之灵……学非有碍于思,而学愈博则思愈远;思正有功于学,而思之困则学必勤。"(《四书训义》卷六)

他认为人们求得知识的途径不外乎二,一是"学",一是"思"。学的时候,可不问自己的聪明才能如何,只有向先进和先觉者进行学习,才能得益;而思则不一定完全遵循古人的陈迹,而要自己去深思熟虑。所以学不独不妨碍于思,并可因学习得愈广博,而思虑愈能深远,因此思正是有助于学的。因为思虑时有了困难,便更须加紧学习;二者必须同时并重,发生相互密切的关系,才能使学习有进步。为学教人都必须重视学与思的结合。

王夫之既注重性的日生日成,又注重行,他认为天地是常常运动变化不息的,所以人性也是常动的。他说:"人之有心,昼夜用而不息,虽人欲杂动,而所资以见天理者,舍此心而奚主?其不用而静而轻,痞寐之顷是也……才以用而日生,思以引而不竭。"(《周易外

传》卷四)

因此在教育上,他反对理学家"虚静"、"主敬"一类的主张,他认为习静的结果必然会降低人的能力。他认为人有能动性,"不动则不生",唯有培养这种能动性,才能发挥各人的智力和才能。同时,他又认为:"与其专言静也,毋宁言动。"因为动静无端,即静即动;动静循环不已,即是常动之故,所以"专言静,未有能静者也"(《诗广传》卷一)。况且人事甚多,不断发生,勤劳处事,实为必要。但不主动如何能勤?只有不断处理完成,才能有所谓静。"天下之能静者,未有不自动得者也。"(《诗广传》卷一)因此教育工作者应重视"动"的培养,注意发动学生的能动性,以动求静,动与静是相互依存、对立统一的。他的这种主张一反宋明理学那种"主静"、"主敬"的机械、呆板的教育,是有重大积极作用的。

五、正志、循时、顺性

王夫之在性与习、理与欲、知与行、动与静、学与思等古代教育理论的重要问题上,都提出了自己的见解,同时他也进一步提出了一些具体的教育教学原则。

(一) 立志

王夫之与其他学者一样,主张为学者首先要立志,"志立则学思从之,故才日益而聪明盛,成乎富有;志在笃,则气从其志,以不倦而日新"(《张子正蒙注》卷五)。为学者立志,这是非常重要的,志向立了,学习和思虑才有明确的方向,否则就是胡思乱想。为了已定的志向而不断努力,那么日积月累,知识、才能就会不断增加发展，人的头脑也会愈来愈聪明。他认为，"意"与"志"不同，"意者，乍随物感而起也；志者，事所自立而不可易者也"（《张子正蒙注》卷六）。因此对自己所立的志向执着地追求下去，那么人就会全力以赴，全神贯注地追求自己的志向，就会不疲倦地学习，从而不断获得新的知识。同时，王夫之强调人之立志，必须专一，"人之所为，万变不齐，而志则必一，从无一人而两志者。志于彼又志于此，则不可名为志，而直谓之无志"（《俟解》）。

王夫之不仅要求为学者要立志，同时要求教学者要"正其志"。他说："善教人者，示以至善以亟正其志，志正，则意虽不立，可因事以裁成之。"（《张子正蒙注》卷六）

他这种强调立志的重要性，在为学、为行两方面都具有重大意义。

（二）"有序"和"不息"

王夫之认为，教学不但要"习"，还要重视"时"，他指出："学而不习，习而不时"是学者的通病。他这里所说的"时"有两种含义，一是"循序渐进"之义，一是"有恒"之义。他把《学记》这样标点："大学之教也时，教必有正业，退息必有居学"，解释说："时者，有序而不息之谓也，恒守也。"（《礼记章句》）而"有序"和"不息"又是互相联系、相互结合的。教学既要循序渐进，不躐等，不速成，又要有恒心，不间断。这样就可以使学习较易"因其序则可使之易"（《张子正蒙注》卷四）。他认为那种豁然贯通之说是靠不住的。因此，王夫之提出了教学五步骤。他认为："于事有大小精粗之分，于理有大小精粗之分。

乃于大小精粗之分而又有大小精粗之合。事理之各殊者分为四：一、事之粗小；二、事之精大；三、粗小之理；四、精大之理。与理之合一者为五（粗小之理即精大之理），此事理之序也。始教之以粗小之事，继教之以粗小之理，继教之以精大之事，继教之以精大之理，而终以大小精粗理之合一……此立教之序亦有五焉，而学者因以上达矣。"（《读四书大全说》卷七）

王夫之的教学五步：第一步是教学粗小的事，如洒扫应对；第二步是教粗小的理，如洒扫应对之理；第三步是教学精大的事，如正心、诚意、修身、齐家、治国、平天下等；第四步是教学精大的理，如正心、诚意、修齐治平之理；第五步是教学大小精粗的理的综合或统一。在学习上这五步是不可分割的，是先后贯通的。在学者方面由近及远、由低登高，都须不间断地学习。

（三）因材施教

王夫之主张教者必须了解受教育者，必须根据受教育者的特点进行教育。他认为学生是有个性的，有"刚柔敏钝之异"，教者要顺应学者的个性去施教，偏高偏低都会影响教学效果。他说："夫智仁各成其德，则其情殊也，其体异也，其效也分也……故教者顺其性之所以近以深造之，各如其量而可矣。"（《四书训义》卷十五）他认为一个人有长处也有偏处，教者要引导发展学者的长处，使他能够进步，矫正学者的偏处，使其能够走上正当的道路。他说："教思之无穷也，必知其人德性之长而利导之，尤必知其人气质之偏而变化之。"（《四书训义》卷十五）王夫之还认为教者要根据学者的接受能力和基础乃至于主观努力的程度等，因材施教，即"顺其所易，矫其所难，成其美，变其恶，教非一也，理一也，从人者异耳"（《张子正蒙注·中正篇》）。

（四）自勉与自得

王夫之主张教师对学生的要求必须严格，绝不能降低标准去迎合苟且偷安的心理；学生对自己也应坚持高标准，不能要求教师降低要求来迁就"俯从"自己的"易为"、"无知"，否则将使学生陷于"不知不能"的悲境。他说："学者不自勉，而欲教者之俯从，终其身于不知不能而已矣。"（《四书训义》卷三十五）

王夫之在强调"自勉"的同时，还指出注重"自得"，即学习积极性原则。他说："有自修之心则来说，而因以教之。若未能有自修之志而强往学之，则虽教亡益。"（《礼记章句》）这里强调学生要有"求通之志"，即要有学习心理上的准备性和努力钻研的继续性，然后再有教师的启发式教学，就会获得好的效果，这就是"教在我而自得在彼"的道理。

（五）欲明人者先自明

王夫之在教学上极重视教师的作用。他认为"师弟子者以道相交而为人伦之一……故欲正天下人心须顺天下之师受"（《四书训义》卷三十二）。就是说教者学者是一种道义的结合，教师负有"正人心"的重要任务，绝非可有可无者。正因为教师如此重要，选择教师关系到整个社会的人心道德，因此，王夫之说："主教有本，躬行为起化之原；谨教有义，正道为渐摩之益。"（《四书训义》卷三十二）即教师必须在实际行动与道德行为上，能做学生的榜样。"躬行"即"身教"。所谓"圣人有独至，不言而化成"。只有以不言之化，而行感化之教，才能使学生"自生其心"，达到真正的"自得"。

王夫之认为作为一个教师必须有丰富的、正确的知识，能够"温故知新"。欲明人者必须先自明。他认为："夫欲使人能悉知之，能决信之，能率行之，必昭昭然知其当然，知其所以然，由来不昧而条理不迷。贤者于此，必先穷理格物以致其知，本末精粗晓然具著于心目，然后垂之为教，随人之深浅而使之率喻于道，所以遵其教，听其言，皆去所疑，而可以见于行……欲明人者先自明，博学详说之功，其可不自勉乎？"（《四书训义》卷三十八）王夫之提出的对教师的要求，都是教师应当必备的条件，不仅在当时有重要意义，而且在当前也有借鉴意义。

综上所述，我们可以看出，王夫之的教育思想是从人的自然性出发，要求教育要适应人的自然性发展的要求，提出人性"日生日成，继善成性"的主张，要求教育过程中要注意学生的个性特点，要发挥学生的能动性。当然他从人的自然性出发，最后把教育仍归结到人的社会性上，要求教育培养"止善"和"经世致用"的人才，这是历史条件所造成的。而作为教育本身来说，它除了培养人、发展人的能力这方面的作用外，也有为社会服务这方面的任务，而且是较重要或者说是较根本的任务。但不管怎么说，王夫之这一教育观有摆脱权威的压制与教条的拘束的一面，从而局部地反映了一些劳动人民的要求。王夫之在教育理论上的论述和教育方法、原则的提出，对今天仍具有很大的借鉴意义。

第
九

颜元的教育思想

一、生平及思想发展过程

颜元（1635—1704），字易直，又字浑然，号习斋，直隶博野（今属河北省）人。颜元生活的时代正值明末清初之际，腐败的明王朝被摧毁，建立了以满人为核心的专制政权。这件事深深地震动了当时的一批思想家，促使他们对当时的社会现实进行历史性的沉思：是什么致使强大的明王朝毁于一旦？为了挽救衰败的封建专制政权，思想界掀起了一股重经世致用、反对静坐空谈、批判科举禁锢人才的"实学"思潮，颜元则是这股"实学"思潮较突出的代表者之一。

颜元的思想虽没有直接师承，但他的实学思想并非一日而成。他八岁入小学，从师于吴洞云。吴洞云擅长骑射剑戟，精通医学，又长术数。这对于颜元日后主张兵农兼习，从事实学的思想产生了影响。十九岁，颜元又受教于贾珍，贾珍主张"讲实话，行实事，做个老实头儿"，以"实"为生活的准则，颜元继承吸收了老师的这种思想，"实学"、"实行"乃成为颜元教育思想的主导，贯彻始终。二十一岁，颜元在耕种余暇，通读历史书籍，以明古今，并立志废弃举业，不入仕途，因此平生致力于教育事业，是他个人经历上的一个特色。他不仅参加农业生产劳动，而且为了生计，还学习医学，以后又学习兵法和技击，这些都为其培养身心全面发展的人的教育思想的提出奠定了基础。

二十四岁，设私塾，收弟子，开始了培养人才的漫长的教育生涯，名其学舍为"思古斋"，从此不难看出颜元当时思想的主导。就在同年，他接触了陆王学说，深喜王守仁的"知行合一"之说。两年后得朱子的《性理大全》，又醉心于程朱学说，认为程朱思想比陆王思想"尤纯粹切实"，遂弃陆王而尊程朱。这说明颜元的思想曾摇摆不定。

直到三十四岁，才从别人口中知道自己姓颜而非朱氏之后。之后他才认识到程朱学说与人情相违背。他认为程朱陆王之学均非尧舜周孔正道，因而力主恢复孔孟之道，猛烈抨击程朱理学，从程朱的推崇者，走向其对立面。但此时颜元批判程朱的思想态度并不坚决彻底，直到五十七岁南游中州，见"家家虚文，人人禅子"，才更坚定了他批判理学的信心，同时亦把汉儒训诂、章句之学列入批判范围。与传统教育相反，他提出了以"实"为核心的在当时独具特色的教育思想体系。

颜元从二十四岁开始设塾教书，从事教育活动近五十年，培养了大批弟子，如李塨、王源等。特别是晚年主办的漳南书院，集中体现了他的教育主张。

颜元的主要著作有《四存编》(《存性编》《存学编》《存治编》《存人编》) 和《四书正误》《朱子语类评》等。其弟子李塨的《颜习斋先生年谱》和钟凌编的《习斋先生言行录》, 也是我们研究颜元教育思想的参考资料。

二、对传统教育的批判

颜元面对激烈动荡的社会现实, 主张"实学"教育, 培养实用人才, 从而振兴民族和国家。因此他极力反对和批判自汉到清初两千年的重文轻实的传统教育, 亦批判和排斥玄学、禅宗和道教。颜元对传统教育批判的矛头指向了宋明理学。

颜元提倡实学, 亦有其历史根据。他认为尧舜周孔就是实学教育的代表者。他曾拿孔门之学与传统教育相比较, 他说: "入其斋, 而干戚羽籥在侧, 弓矢珗拾在悬, 琴瑟笙磬在御, 鼓考习肆, 不问而知其孔子之徒也。入其斋, 而诗书盈几, 著解讲读盈口, 合目静坐者盈座, 不问而知其汉宋佛老交杂之学也。"(《习斋先生言行录》卷上) 颜元认为孔门之实学有干戚羽籥, 注重考习实际活动, 如孔子七十子, 或习礼, 或鼓琴瑟, 或羽籥舞文, 干戚舞武, 或问仁孝, 或商兵农政事, 所设列的都是实物, 并与实际活动相结合, 于己于世都有益。而宋儒理学教育恰恰相反, 主静主敬, 手持书本闭目呆坐有如泥塑, 在讲堂上侧重讲解和静坐读书领悟, 造成的祸害即是"坏人才, 灭圣学, 厄世运"。

在颜元看来, "坏人才"是指由于传统教育主讲静坐读书和心性领悟，故所培养出的人才柔脆如妇人女子，毫无经天纬地之略和礼乐兵农之才。因此他说："读书愈多愈愚，审事愈无识，办经济愈无力。"（《朱子语类评》）颜元非常深刻而尖锐地指出，如果学生的学习与实际生活相脱离，即使读书万卷，终究无用。因为他们从来也不曾得到过真正有用的知识。这种教育不仅害己，而且害国。但是我们须明白，作为教育家的颜元，并非绝对地反对读书，他说："开聪明长才见，固资读书；若化质养性，必在行上得之。"（《习斋先生言行录》卷上）实际上，他要求把读书与实际生活、与行动联系起来，所以他只把读书作为致知、学习的一个方面、一个途径，而反对把读书作为求知的唯一途径。

颜元对传统教育的批判的第二点就是"灭圣学"。颜元认为宋明理学等只从章句训诂、注解讲读上用功，从而陷入一种文墨世界，致使国家之取士、贤师之劝课、父兄之提示、朋友之切磋，都以文字为准，除此之外别无他物，丢掉了尧舜周孔行实学的精神。这种教育如望梅不能止渴，画饼不能充饥，毫无实用价值。这样下去，章句、训诂、禅宗教育日盛，而孔门之实事实理的学术便日见衰竭，圣学随之灭亡。因此他认为要使国家富强，要昌圣学，必须行实学，做实事。

传统教育的另一祸害是"厄世运"，即指汉儒之学败坏学术和社会风气的弊端。传统教育教人皆静坐、读书、著述，减弃士农工商之业，不以尧舜周孔所倡行的正德、利用、厚生为宗。学术完全成为一种文字的游戏，统治阶级更是利用科举八股把文人圈囿于文字之中，造成极大的危害，致使旷代不见一帝臣王佐之才，千里不见一礼乐和好之家，数乡不见一孝悌忠信之人。学术和社会风气大坏，造成社会道德的败坏、经济和人才的衰竭，实际隐含着"明朝之所以灭亡亦在于此"。要想改变这种状况，必须提倡实学，培养经世致用的实用人才。

从颜元对传统教育的批判中，可以看出颜元的批判是激烈的，把矛头指向宋明理学，无异于反对清统治者。他认识到传统教育的有名无实、脱离实际的危害，故平生致力于实学教育。

明末清初的实学思潮虽然继承了前人的成果，但却直接导源于当时社会政治、经济等的变化和明王朝的被取代。明王朝的灭亡，用血的代价说明了宋明理学教育的弊端和所培养人才的空疏无用，颜元的实学教育思想即由此而来。实学思想贯穿在他的整个教育思想中。

三、安天下、成个性

纵观中国古代教育史，可以发现中国古代的教育家都有重视教育功能的思想传统，把教育作为实现其政治理想的重要工具和途径，这是儒家修身齐家治国平天下思想在教育上的传统影响。

颜元作为一个有志之士，以恢复尧舜周孔之道为己任。他的政治理想可以用三句话概括，即"以七字富天下：垦荒、均田、兴水利；以六字强天下：人皆兵、官皆将；以九字安天下：举人才、正大经、兴礼乐"（《颜习斋先生年谱》卷下）。具体地说，他是想通过"复井田、兴学校、尚武备、重征举、靖异端"等来实现其恢复王道的政治理想。这种社会政治思想决定了他的教育目的、教育内容和教育方法。他希望通过教育培养出能经世致用、有略有才的实用人才，作用于社会的政治、经济，从而实现国富民强的太平社会理想，如培养知礼懂法的政治人才以改良社会政治，培养军事人才而达到强天下的目的，还可通过教育统一人们的思想、排斥异端。他说："昔人言，本原之地在朝廷，吾以为本原之地在学校"，"人才为政事之本"（《习斋记余》卷一）。他把学校看做培养造就有用人才的基地，且把学校和社会政治、经济、军事、学术等紧密地联系在一起。无疑，教育的社会功能在颜元这里得到了充分的体现。教育成为"安天下"的重要工具。

颜元认为教育除对社会政治、经济、军事等发生作用外，还对个体产生作用，即可以成就个性。在他看来，既然人才是国家政事的基础，因此培养造就何种人才来改善社会政治就成为头等大事。首先，颜元针对宋明理学理、气二元的人性论进行批驳，认为人性不可分为"天命之性"和"气质之性"两部分，而"气质之性"恶的观点则更为荒谬。颜元主张理、气统一不可分离，"气即理之气，理即气之理"（《存性编》）。在此基础上，他阐明了他的"性"的概念，他说："譬之目矣：眶、疱、睛，气质也，其中光明能见物者，性也。"（《存性编》卷一）这就是说"气质"与"性"亦是不可分割的，没有"气质"就无所谓"性"，"性"是以"气质"为存在的前提条件的，从而提出性、形统一的观点。继之他又说："光明能视即目之性善，其视之也则情之善，其视之详略远近则才之强弱，皆不可以恶言。"（《存性编》卷一）说明性情都是善的，才虽有强弱之不同，但也不能以恶言。颜元是从人之器官的功能论性善，从人之器官之作用谈情才皆善，这乃是他论"性"的独到处。这种性善论与孟子的性善论是不同的。

那么，"恶"又从何而来呢？颜元认为"恶者，引蔽习染也"，即"恶"是后天环境影响而来，在这一点上又与孟子的性善论相同。人生存于社会之中，就不可能不受社会环境的影响，因此，教育的功能就在于去掉"引蔽习染"，恢复人的善性，同时教育的更为重要的功能是"预远其引蔽习染"，既强调了环境对人的影响作用，又认为人可以通过接受教育而改善环境对人的不良侵蚀。

以上是颜元对整个人类教育的可能性和必要性的阐发，但是教育的功能必须落实到个体身上。就个体而言，他认为教育的功能就表现为成就个性。他说："人之质性各异，当就其质性之所迁，心志之所愿，才力之所能以为学，则易成圣贤。"（《四书正误》）这样培养出来的各行各业的贤能人才，才能对社会发生作用。

四、德才兼备、专精一门

在颜元看来，人才决定着国家政治的命运，如果像宋明理学教育家只知鼓励静坐读书，不与实际现实相联系，那么只能培养出无胆识、无智谋、无体力的无用人才，对国家毫无用处。因此，他从实学实教的思想出发，主张培养德才兼备的有经韬纬略或有专业特长的贤能君相和百职人才。这也是当时社会状况所要求的。

德才兼备是颜元对理想人格的总要求。从字面上看，德才兼备似乎是老生常谈，毫无新意可言。然而每个时代每个教育家关于德才的具体内涵却各有不同。颜元所处的特定的社会条件和独特的社会生活经历，决定了他的教育目的的特殊性，它既有继承传统儒家思想的地方，亦有新的发展。

德，指人的思想，是人之灵魂。那么，颜元所谓的"德"是指什么呢？为此必须弄清颜元要培养何种人才，为谁而培养。他说："小人者，百姓也，学农学圃百姓事也。上者君相也，好礼好义好信，君相事也。士学为君相也。"（《四书正误》卷四）"吾儒原是学为君相、为百职。便是庶人，谁无个妻子、兄弟、仆丛？以道治吾身便是明，以道治他们便是亲，明亲到十分满足便是至善。"（《四书正误》卷一）这里已非常明确地表明了颜元的阶级立场和培养目标。他的教育目的就是为当时社会培养贤能而有用的君相和百职人才。从此我们可以断定颜元对人才"德"的要求，实质上就是传统儒学道统和伦理纲常。他认为以道修身便是明，以道治民便是亲，"明亲到十分满足便是至善"。如果我们把颜元的"德"的教育称为"道德教育"，就可以发现，他的道德教育事实上有两层含义。第一层含义，造就完美的道德人格，实现儒家传统的修身理想，为此他在教育内容中特重儒家"礼"以及道德伦理的教育（如六行、六德），在方法上注重礼及道德行为习惯的养成，提倡自我反省、自我修炼，以达到明德至善的完美境界。第二层含义，是使已具有儒家道统思想的完善道德人格的君相和百职人才，用儒家传统的"德"去治民，教化百姓，形成良好的社会风尚，以稳定社会，使国家能长治久安。这充分说明他已认识到了人才之德的重要性。如果没有德的保证，如同人失去了灵魂，不仅不能为家国天下服务，还可能成为家国天下的对立者，而这是绝不能允许发生的。这也是他继承传统儒家道德教育思想的表现。

在颜元看来，有了完善的道德人格并不一定就是人才，就能齐家治国平天下。相反，他认为如果没有真才真能，虽有道德亦是无用之才。因为这样的人只会空谈性理，只能纸上谈兵，一遇到实际问题就会不知所措，"唯有一死报君恩"。这是对宋明理学教育的莫大讽刺。所以颜元在培养目标上，不仅重视德，而且更重视才干，即强调教育要培养理国治民的实际本领。

颜元深感宋明教育的空虚无用对社会国家及个人的危害的严重性。他说：如果"今天下之学校皆实才实德之士，则他日列之朝廷者皆经济臣……今天下之学校皆无才无德之士，则他日列之朝廷者皆庸碌臣"（《习斋记余》卷三）。因此他认为现今的学校必须倡实学，行实教，做实事，为国家培养德才兼备的"经济臣"，即培养既懂政治，又能经国济民为国家人民办事的官臣。为了强天下，学校还须注重军事教育，培养军事人才，使将官能文，文官亦能武。文武兼备是他对人才的又一要求。这与当时的社会现实有密切联系，是动乱社会对人才要求的反映。

儒家在培养目标上，一贯主张全能全才。颜元认为这种思想是不切实际的。这不仅在于社会有分工，而且人之个性、志愿等都不同，况且贤圣也不是全知全能。他大胆地突破了儒家传统思想中培养全能的圣贤人才的范畴，认为有一技之长，能各专一事，便可称为圣贤。他说："学须一件做成便有用，便是圣贤一流。"（《颜习斋先生年谱》卷下）在这种思想支配下，他鼓励弟子们各专一事，精心学习一门知识或技艺，如他的高足李塨专于乐，李秀植专于礼，张鹏举长于兵法。他的这种专业教育思想，对人才的"才"的要求，在当时无疑是卓越的见解，对于我们今天也仍有借鉴意义。

五、三事、六府、三物

教育内容和方法是颜元教育思想中较能体现其实学思想的部分，与其教育目的有密切的关系。他认为尧舜周孔都提倡实学，行实教，既有利于个人又有益于国家，所以他认为必须恢复尧舜周孔之道，并以此为己任。他反对自汉以来到清初的章句、训诂、清谈、禅宗等空洞无用的书本教育内容，主张以尧舜周孔所倡导的"三事、六府、三物"为教育内容，另外还把劳动教育和体育列为教育内容。

颜元所谓的"三事"就是《左传》上说的"正德、利用、厚生"，这既是他的政治目的，又是他的教育目的。"六府"，是指《左传》上说的"金、木、水、火、土、谷"。颜元认为"六府"是"三事"之目，也即"三事"的具体纲目。所谓的"三物"，是指"六德、六行、六艺"而言。六德：智仁圣义中和；六行：孝友睦姻任恤；六艺：礼乐射御书数。由此可见，颜元的教育内容是相当丰富的，既有道德伦理规范的内容，又有自然科学、军事、农工等学科，但他最重视的是"六艺"和兵农钱谷水火工虞、天文地理等。他说："六艺"是"六德之妙用，六行之材具"，"六德""六行"都寓于"六艺"之中。因为"六艺"所包括的内容是非常广泛的，最能体现其教育目的和实学主张，"六艺"既能兼顾学生身心的全面发展，又能联系客观事物，使学生不局限于书本知识。通过"六艺"的学习即可培养出德才兼备、文武双全或持有一技一艺之才，达到"正德、利用、厚生"的政治目的，为生民造福，为国安邦。

颜元所提倡的丰富而实用的学科内容，在本质上既不同于寂守本心而摒绝外物的禅理语录，亦不同于纸上文墨而专供诵读、诗文制艺（八股）等传统教育内容。它研究的范围和课题都大大扩大，冲破了千百年来传统经学和理学的框框，迈进了广泛的自然科技世界。颜元正是希望通过以"三事"、"三物"，兵农礼乐合一，社会学科与自然学科合一为特色的丰富而实用的教育内容，培养能经世致用的人才，改变宋明理学教育所造成的种种弊端，实现其富强安国的政治理想。

颜元不仅仅是提出了如此丰富的教育内容，而且还付诸实践。他在晚年开办的漳南书院中，曾划分为六斋，分别研习不同的学科。文事斋：课礼乐书数天文地理等科；武备斋：课黄帝、太公、孙武、孙膑、吴起等兵法，并攻守、营阵、陆水诸战法，射御技击等科；经史斋：教十三经、历代史、诰制、章奏、诗文等科；艺能斋：教水学、火学、工学、象数等科。另外还设了理学斋：课静坐、编著程朱陆王之学。帖括斋：设八股举业。这两斋是作为孔门正学的对立物而设的，即是反面教员。另一方面也是为了适应当时八股取士之需要而不得不设。漳南书院计划既体现了他丰富而实用的教育内容，亦体现了他的教育制度和分科教学的思想。

六、 习动贵行

颜元"习动贵行"的教育方法直接来源于其"动"的哲学，他认为世界万物都是变动的、发展的。他考察当时社会，认为明朝的灭亡、士人的衰弱都深受宋儒主静和书本教育之害，故极力反对宋儒静坐读书明理的教育方法，而代之以"习动贵行"的教育方法。他认为动则强，不动则弱，一人动则一人强，一家动则一家强，一国动则一国强。所以近代著名学者梁启超在《清代学术概论》中说："颜元以实学代虚学，以动学代静学，以活学代死学。"其评价非常恰当。

颜元所谓的"习"即练习，是通过练习以巩固知识的一种行动过程。他说："读书无他道，只须在行字著力，如读、学而时习，便要勉力时习。"（《习斋先生言行录》卷上）不仅要通过实际活动获得知识和经验，而且要通过实际活动去巩固知识，所以要习礼，习乐……习的过程以"行动"为中心原则。在此原则的指导下，他以"习动"的新教育方法代替宋明理学所主张的"习静"的教育方法，以"习行"的教育方法去代替书本的讲读方法。两种方法在本质上是相同的、一致的，目的都在于抨击传统教育特别是宋明理学教育的方法，只不过两者的指向有所不同。颜元提倡"习动"的教育方法，目的在于养成学生旺盛的、向上的、朝气蓬勃的精神面貌和强健的体魄，做一个转世人而非柔弱无用的世转人。"习动"的方法一方面是通过习礼、习乐等实际练习活动来实现，另一方面是通过参加农业劳动来体现，并且通过这些活动养成良好的行为习惯和道德品质及健康的身体。他说参加劳动则"筋骨竦、气脉舒，久之则魂魄强"，"吾用力农事，不遑食寝，邪妄之念，亦自不起"（《颜习斋先生年谱》），指明了劳动教育在增进人身心健康上的教育价值。

其体育思想亦充分体现了他的行动主义思想。

颜元提倡的"习行"的教育方法是与"书本"教育法相对立的。他主张通过"习行"的教育法获得经验和知识。他反对宋明理学教育把读书作为唯一求知途径，而认为"读书乃致知中之一事，专为之则浮学"（《颜习斋先生年谱》）。怎样才能体现他的"习行"的教育法呢？他认为就是"格物致知"。他所谓的"物"，既包括客观实际存在的具体事和物，如金木水火土谷等，又包括观念形态的道德伦理规范，如孝悌仁义等。格物就是亲自去接触事物，亲自做事，如同用手去格杀猛兽，身实习之，身实行之。通过格物的个体实践和亲身体尝而获得知识，并通过练习加以巩固。因此，我们说，颜元所谓的"格物"既有宋明理学家关于"格物"（格仁义礼智等）一面，又有"穷究客观事物之理"的创新的一层意思。颜元强调行，强调个体实践，由行而学、由行而知的思想，是实践出真知的认识论的体现，从而批判了传统教育崇尚诵读、讲论和心性理解、顿悟的认识论。但他由于过分强调行的意义、行对知的作用，又忽略了知对行的理论指导意义。

总之，颜元的教育方法是以行动为中心的，充分体现了他的"动"的哲学思想，猛烈抨击了以宋明理学为代表的崇尚静坐读书的教育法，对后代影响很大，特别是"五四"以后，为了提高民族士气，改变中华民族衰弱的体质，曾有一些志士仁人极力宣传颜元"习动"、"习行"的思想，产生了良好的作用。但我们必须看到，颜元只强调动、行的教育法也是有片面性的。完全否定宋明理学家所提倡的静坐读书方法、讲解方法亦是偏激的做法。如果在教学中机械地使用单一的教育方法，往往会顾此失彼，从而影响教育和教学效果。

张之洞的教育思想

一、 生平及基本立场

张之洞（1837—1909），字孝达，号香涛，直隶（今河北省）南皮人，清末重臣，晚清中国政治、工业、教育、学术重要而复杂的人物之一。他生于鸦片战争前三年，卒于辛亥革命前两年。他的一生教育实践和教育思想基本上反映了晚清中国新学与旧学、中学与西学之争的文化和教育发展史，因此张之洞的教育思想在中国教育思想史上占有重要的地位。

张之洞二十七岁中进士。早年以攻讦时政，成为清流派的重要代表。后任浙江乡试副考官、湖北学政、四川学政和国子监司业。1882 年后升任山西巡抚、两广总督、湖广总督、两江总督。创办了一批著名的书院和洋务学堂，并大力提倡留学教育。晚年跻身于军事枢要，1903 年主持制定了我国近代第一个由中央政府颁布并首次得到施行的全国性法定学制即癸卯学制，1905 年积极参与废除科举制度的教育改革，供职中枢，主管学部。在四十余年的仕宦生涯中，张之洞勤理学政，关心教育，不仅有丰富的办学实践经验，而且有系统的教育思想理论，这些思想主要反映在他的教育论著中，从早年的《轩语》《书目答问》到后期的《劝学篇》以及一些有关变科举、兴学校和书院改制等方面的奏章，都反映了张之洞作为封建旧学的代表，在晚清中西方文化碰撞、渗透、改造、融合复杂的历史进程中，对新学和旧学、西学和中学的政治态度和思想认识，反映了晚清旧学术界、知识界、教育界的知识分子，在新旧文化更替时期的普遍心理以及近代教育思潮的基本特点。张之洞的教育思想从一个侧面反映了我国的封建教育是如何向半殖民地半封建教育转化和这种教育的实质。

二、教育救国，兴学育才

中国近代史是旧中国在帝国主义列强铁蹄的蹂躏下，由腐朽的垂死的封建帝国向半殖民半封建社会过渡的痛苦历史。鸦片战争的大炮轰开了中国封闭的大门，同时也震醒了沉睡的民族意识。面对西方列强的坚船利炮，清王朝封建专制统治岌岌可危，摇摇欲坠。从封建官僚集团中分化出来的洋务派为了挽救腐朽的清王朝命运，奋起兴办现代军事工业，学习西方现代军事技术和工业制造技术，于是以传授西方军事技术和工业制造技术为主的洋务学堂随之诞生了。但是，封建统治集团的顽固派面对这灭种亡国的危险，仍执迷不悟地捍卫纲常名教和程朱理学，以为只有借此才能保种保国，抵御外侮，平定内乱，挽救清王朝覆灭的命运。由此，一场新学与旧学之争、西学与中学之争的文化思潮与教育思潮遽然兴起，并随着西方列强侵略的加剧和洋务教育的兴衰，这股思潮不断蔓延、发展，强烈地震荡整个民族的心理、灵魂，迫使每一个封建官吏和知识分子对中西不同文化与教育作出自己的判断与选择。

与早期洋务派相比，张之洞作为从顽固派营垒转化成的洋务派，带有更深更浓更顽固的封建旧学意识特色。虽然他的教育活动后起，但是他对教育目的与功能的认识却比早期洋务派更深入、更理论化、更系统化，其基本精神就是教育救国论。

张之洞认为救国之道不在技术而在人才，技术只能改进军事装备，增加国家财富，但是坚船利炮和富有之财没有人才支配与管理，仍然起不到御外侮平内乱的作用。"中国不贫于财，而贫于人才。""人才日多，国势日强。"（《筹议变通政治人才为先折》）然而人才何处来？他的回答是："人材之成出于学"，"舍学校更无下手处"。学校是培养和造就人才的地方，兴学育才不仅仅是传授知识的问题，更重要的是通过传授知识技术开启民智，一个国家或民族开智了，势虽弱，国虽危，但终不能灭国亡种。因此，教育是关系到国家命运的根本大事。

但是，对于培养什么规格的人才，办什么样的教育，张之洞是有一个曲折而漫长的实践和认识过程的。他一生的教育活动大致可以"中法战争"和"戊戌变法"运动为界限分为早中晚三个阶段。早期，即十载学官和出任山西巡抚时期。这一时期他属于顽固派营垒的旧学捍卫者，其办学目的在于"通经以世用，明道守儒珍"（许同莘《张文襄公年谱》），使学生能"出为名臣，处为名儒"（《咨南北学院调两湖书院肄业生》）。他创办了湖北经心书院、四川尊经书院和山西令德书院。教学内容主要是传授传统的"通经学古之学"。张之洞作为学官，主持过浙江乡试，所取多朴学之士。做湖北学政时鉴于"士风败坏"，强调"以根柢之学砥砺诸生"，并以"端品行、务实学两义反复训勉"（《张文襄公年谱》卷一）。于四川任学时政大力整顿科举积弊，并讲学于尊经书院，著《𫐆轩语》《书目答问》二书。前者将科举考试注意事项逐条列出，对考生加以指导，实为科举考试指南。后者列举经、史、子、集要目，"总期令初学者易买易读，不致迷罔眩惑而已"（《数目答问·略例》）。此书实为旧学入门，也确有学术价值，为治中国旧学者所普遍重视。这一时期张之洞注重经史根柢之学，网罗通才宿士，提倡和整顿传统儒学教育，倡导经世致用的"实学"，反对专习帖括时文，完全不同于曾国藩、左宗棠、李鸿章等洋务派官僚19世纪60年代以来创办的洋务教育。他培养的不是近代西方工业技术和军事人才，而是传统的"通经致用之士，经世致用之才"。他所取用和培养的代表人物有袁昶、许景澄、陶模、孙诒让、范溶、张祥龄、宋育仁、杨锐等。

中期，即中法战争后到戊戌变法前督粤、湖广和暂署两江期间，这一时期张之洞从清流派转化成洋务派。为了适应清末洋务活动的需要，他调整了旧学与新学、中学与西学的关系，修正了早期的办学宗旨，着力于培养用传统旧学武装头脑而又能从事洋务的各种专门人才。在教学内容上，虽亦坚持传统的旧学，但较之早期纯一色的旧学主张有了逐步改进，在提倡以"旧学为体"

的同时，开始注意以"西学为用"，增添传授西文、西艺的新学；举办的学校也逐渐以兴办学堂代替了旧式书院。从办军事教育逐步过渡到实业教育，然后逐步移动到现代学制影响下的普通教育尝试，这一时期可以说是张之洞从旧学向新学、由中学向西学逐步认识、理解、利用、融合的阶段。反映在他的教育思想中，是关于人才标准的变化和作为封建官吏的人格重构，体现了半封建半殖民地的旧中国教育思想与实践的矛盾性。一方面，张之洞认识到书院教育的弊病和局限性，它培养出的旧学人才担当不了洋务事业的重任，教学内容陈旧狭窄，加上书院积习过深，"不守规矩，动滋事端"（《筹议变通政治人才为先折》）。在西方文化和教育潮流的猛烈冲击下，旧学面临着时代的挑战，要想保持和巩固旧学而不作适当调整也是不可能的，因此张之洞带头对书院教育进行兴革，"必须正其名曰学，乃可鼓舞人心，涤除习气。如谓学堂之名不古，似可即名曰学校，既合古制，且以名实相符"《筹议变通政治人才为先折》。另一方面，张之洞害怕书院一改，旧学全废，均为西学所取代，所以，作为一个恪守纲常名教的封建官僚，张之洞文教兴革的主旨仍在"变器不变道"，即主张学习西方某些近代艺能，却必须保存中国社会政治、伦理和文化传统。这一时期张之洞的教育改革是有保留的。1889 年当他初任湖广总督时，十分赞赏湖北罗田人周锡恩在黄州经古书院以显微镜、千里镜、气球、拿破仑、汉武帝合论等试题考学生的做法，企图在旧书院塞进一些时务知识以影响旧学教育。又如湖北经心书院初期学习课目为经解、史论、词赋，1895 年遵张之洞书院改制之意，分设外文、天文、格致、制造四门。此外，另设经史一门，

第十

张之洞的教育思想

167

专讲"四书"义理、中国政治。1890 年 5 月，张之洞于武昌建两湖书院，课目分经学、史学、理学、文学、算学、经济学六门，又因新学方兴，书院课程还开设天文、地理、数学、测量、化学、博物学、兵法、史略学及兵操等新学科。在管理方面，采用旧世积分法，将每月终考核分数多寡以为进退。后来将"月课"办法改为"日课"，即仿效学堂按日上堂教习，类似现代教育的班级授课制。两湖书院实为由书院向新学堂的过渡形态。张之洞对书院教育要求以一个统一的模式来规范教学内容，不仅在旧书院教学课目上增添西艺、西文，而且在以传授西学为主的书院也增添旧学。如张之洞出任湖广总督时，在江汉书院原有天文、地理、兵法、算学四门外，又设经史一门，训以"四书"大义、宋明先儒法语。张之洞对书院改制，鲜明地体现了"中学为体，西学为用"的办学思想。他希望的人才是"既免迂陋无用之讥，亦杜离经叛道之弊"，"总期体用兼备，令守道之儒兼为识时之俊"。（《两湖、经心两书院改照学堂办法片》）

1895 年，张之洞暂署两江期间，由于身处文化发达的经济地区，与外部世界联系较多，加上中日战争的刺激，使得张之洞的洋务思想进一步得到发展，对教育目的和功能又产生了新的认识，表现在教育实践上就是开始创建新式学堂。他认识到"立国由于人才，人才出于立学"，"人皆知外洋各国之强由于兵，而不知外洋之强由于学"。（《张文襄公全集》卷三七·奏议三七）这就是从文化的深层意义上来认识教育救国的功能。基于这一认识，张之洞在此期间兴办了一系列新学堂。如在江宁（南京）创办储才学堂，内分交涉、农政、工艺、商务四门；改金陵同文馆为初步储才学堂，在原有英文、法文外，增添德文；恢复水师学堂；兴办陆军学堂，并在该学堂附设铁路专门学堂；在江西高安办蚕桑学堂。此外，还力倡出洋游历，选派学生和官员留学和游历英、法、德，主动接受西方文化和教育。暂署两江是张之洞教育思想和实践走向近代化的重要转折。

1896 年初，张之洞从两江返回湖广本任，开始大规模地兴办学堂和派遣出国留学生以及创办文化设施。这时所创办的学堂大致可分四类：实业学堂、普通学堂、师范学堂、妇幼学堂。实业学堂有矿业学堂和工业学堂、湖北自强学堂、湖北方言学堂、湖北方言商务学堂、湖北算术学堂、湖北农务学堂、湖北工艺学堂、湖北驻东铁路学堂等。这些实业学堂都是零星创办，并无系统规划，"大抵此期设学之宗旨，专注重实用"（《清史稿》卷一七〇·志八二·选举二）。虽无学制系统可言，但为 1903 年学制的厘订提供了实践经验。普通学堂有湖北初等小学堂、湖北五路高等小学堂、湖北文普通中学堂、湖北文高等学堂、湖北存古学堂等。张之洞主张小学由民间自办为主。中学教育培养方向有二：一是"不仕者从事于各项实业"，二是"进取者升入各高等专门学堂"。课目十二门：伦理、温经、中文、外语、历史、地理、数学、博物、理化、法制、图画、体操。教学方法仍以讲诵为主。"宜注重读经，以存圣教。"（《奏定学堂章程·学务纲要》）大学堂的宗旨是造就通才，"以各项学术艺能之人才足供任用为成效"（《奏定学堂章程》）。"术德兼优"的"通才"成了张之洞这一时期的理想人才标准。他选择两湖、经心、江汉三书院的优等生入湖北文高等学堂学习经学（道德学、文学附）、中外史学（国朝掌故学附）、中外地理（测绘学附）、算学（天文学附）、理化学、法律学、财政学、兵事学。后四门课均为西学，延聘东西各国教习讲授。学生四年结业后再派往东西洋游历一年。嗣后以文普通中学堂毕业生升入，分习三年堂课毕业，即派往东西洋游历一年。这样，普通教育基本上形成了学制系统的衔接性。

三、设立师范学堂"关系至重"

在兴办各类学堂的过程中，张之洞认识到了师范教育的必要性和重要性。他说："查各国中小学教员咸取材于师范学堂，故认师范学堂为教师造端之地，关系至重。"（《张文襄公全集》卷五七·奏议五七）于是，他先后在湖北创办了一批师范学堂。如湖北师范学堂，课程除普通学科外另设教育学、卫生学、教授法、学校管理法等科。两湖总师范学堂，这所师范学堂规模很大，学生有七百多名，内设附属小学。李四光、闻一多当时均为该师范学堂的学生。张之洞还开办了两湖总师范学堂、湖北师范传习所、支郡（即各府）师范学堂。张之洞兴办师范学堂在一定程度上反映了他对发展普通教育物质条件的认识。他主张师范学校与普通学校分设，自成独立系统，并多次选派优等生赴日学师范，强调诸学校建设中"宜首先急办师范学堂"（《奏定学堂章程》）。他对师范教育的重要性作了若干论述，规定师范分优、初两级，与普通教育中的高等学堂和中等学堂平行。此外，还注意设立简易师范科、师范传习所、实业教员养成所。他认为："振兴教育，必先广储师范，师资不敷，学校何以兴盛？"（《札学务处改修两湖师范学堂》）他还指出，国民教育要发展，必须依赖小学教员和中学教员队伍的建设，而欲得教员必自师范始。师范教育不仅关系到各类教育的发展速度与规模，而且关系到中国教育摆脱洋人控制而逐步走向独立的民族主权问题。学校教育的主导作用主要体现在教员身上，聘请洋教习本是文化交往和落后国家赶上先进国家的一种手段，但是学校教育如果长期控制在这些教员手里，中国教育的独立自主性就难以体现。有鉴于此，张之洞指出："自强之道，以操权在我为先。"他强调对外国教员限定权限并予以监督节制。这些思想和做法在当时也是富有民族主义精神的。

张之洞对妇幼教育也给予了一定的重视。他先后在湖北兴办了一些妇幼学堂。1904 年创办了湖北敬节学堂，是当时的幼儿师范。湖北育婴学堂相当于今日的保育员学校。湖北女学堂，此为湖北近代女学之始。1903 年秋创办的湖北幼稚园，乃是我国最早的幼儿园。面临财政困难，张之洞为集资办学想尽办法，一为取庙产兴学，大率每县寺观取十分之七改学堂；二为劝募兴学，督饬地方官劝谕富绅，集资广设；三为截取丁漕平余兴学；四为挪赔款兴学；五为设"学堂捐"。据宣统年间《湖北学务处统计表》载，全省教育经费岁出二百四十万两，这与其他省份相比的确是很高的。

张之洞极重视留学教育和创办文化设施。他认为"出洋一年，胜于读西书五年"，"入外国学堂一年，胜于中国学堂三年"。（《劝学篇·外篇》）通过留学教育既可得洋务人才，又可得大批办学堂的新式教员。他派遣留学生的方针是"西洋不如东洋"。从经济和文化的角度考虑，学习日本是学习西方的一条捷径，在日留学生中湖北籍学生达数千人之多，为留日学生数量最多的省份之一。张之洞不仅注重派遣留学生，而且重视管理留学生和重用"识洋文、悉西艺"的人才。此外，张之洞在湖北创办图书馆、湖北官报等文化设施的文化建设事业也是值得注意的。1904 年 8 月，在武昌设立"学堂应用图书馆"。平时在创办的学堂里也注意建立藏书库、阅览室，搜集一般书籍和各种报刊，供教学参考。1898 年在张之洞的赞助下，武汉办有《湖北商务报》。在此前后还办有《汉报》《楚报》《湖北日报》等。1901 年底指令《湖北商务报》兼办《湖北官报》。由于他重视文教事业的建设，客观上湖北洋务教育促进了资本主义工商业的发展，影响了长江中下游流域的文化发展进程，同时也培养和造就了一大批近代政治、军事、科学等方面的杰出人才。他万万没有想到苦心经营的武汉会成为推翻清王朝的辛亥革命的策源地，这说明教育不仅挽救不了清王朝，反而造就和培养了它的掘墓人。

张之洞晚期除了上述兴办学校之外，还主持制定了我国第一个正式颁行的近代学制——癸卯学制，对科举制度的废除，起了重要作用。癸卯学制第一次具体地阐述了"中体西用"的立学宗旨，并加重了各级各类学校的经学课程。癸卯学制的"中体西用"精神早在张之洞《劝学篇》和《筹议变通政治人才为先折》中阐述过。张之洞虽然重视西洋技艺，但却忽视西方近代的政治、哲学、法律，禁止"妄谈民权自由"，为了剥夺学生参加革命活动和发表进步言论的自由，还专门制定了《各级学堂管理通则》。他参与废科举也是时代潮流所压迫而不得已而为之。在《筹议变通政治人才为先折》中他曾设想"科举学校合一"的过渡办法。

人们早已看出张之洞教育思想到晚期已完全陷入不可调解的矛盾之中。他"笃守儒家藩篱，与欧化不融，则又发为以中学为体西学为用之言，实堕宋人体用看成两橛之迷障"（《张文襄公大事记·体仁阁大学士张公之洞事略》）。新学制的订立与科举制度的废除，这是中国近代教育发展的必然趋势，早在戊戌变法运动中，资产阶级维新派就提出了定学制、废科举和兴学校的系统主张，全面介绍了资产阶级国家的学制，而且在"百日维新"中得到了部分实现。张之洞是戊戌变法的反对派，但在清末"新政"中充当主角，对传统教育进行改革，做了一些具有影响的实际工作。

四、中学为体，西学为用

"中学为体，西学为用"是中国近代史上一种重要的政治思潮和文化思潮。它起于洋务运动，而渗入到整个社会政治、经济、文化、教育、伦理等观念意识之中，它是中国近代政治斗争和文化斗争的产物。张之洞《劝学篇》乃是这一思想集大成的代表作。"中体西用"是他教育思想的基本精神，一贯始终，反映了他作为传统士大夫文人官僚对旧学的固执坚守以及对西学的利用的政治和学术态度。

《劝学篇》是张之洞在戊戌年间新旧两派斗争即将白热化的关键时刻作的，所攻击的对象主要是康梁维新理论。表面上看《劝学篇》以公允的态度既批评顽固派的"守旧"、"不知道"，也批评维新派的"菲薄名教"、"不知本"，实际上是以张之洞为代表的后期洋务派企图在顽固派和维新派之间寻求第三条道路，即

"中学为体，西学为用"的道路。这是洋务派政治、经济、文化思想的集中概括。

《劝学篇》四万余字，共二十四篇。内篇九，讲中学；外篇十五，讲西学。"内篇务本，以正人心；外篇务通，以开风气。"所谓"本"，即有关世道人心的传统道德和纲常名教，这是不能动摇的；所谓"通"，指工商学校报馆诸事，可以变通举办。"中学为体，西学为用"是《劝学篇》的"一贯之道"，主张在维护传统道德文化和纲常名教的原则下，谨慎地接受西方资本主义的技艺，并以此种技艺"补"旧制之"阙"，"起"清廷统治之"疾"，以达到维护腐朽的清王朝统治的目的。《劝学篇》极力维护专制统治，对维新派"开民智"、"伸民权"的"变法之本"予以猛烈攻击，断言"民权之说，无一益而有百害"，鼓吹"三纲为中国神圣相传之至教"，借维护"三纲"来否定"民权"、"自由"、"平等"的西方政治法律思想，视"民权"为洪水猛兽。张之洞说："使民权之说一倡，愚民必喜，乱民必作，纪纲不行，大乱四起。"《劝学篇》虽然也"劝工、劝农、劝商"，但是这种工农商必须置于清王朝封建官权的保护之下，而近代史实证明，正是封建官僚政治阻碍了工业化的进步。张之洞"西学为用"的目的在于富强，"借富强以保中国，保中国即以保名教"。戊戌变法时期及以后，为了抵制资产阶级利用西学作为革命武器，他反对把西方哲学列为课程，禁止私学堂教习政治法律和兵操，查禁宣传反对封建名教的资产阶级报刊，杀害革命党人。他甚至不惜推翻前期书院改制的历史，于1907年6月奏请在武昌经心书院旧址改建存古学堂，其办学宗旨为"保存国粹"、"平息乱源"，课程分经学、史学、词章三门，企图以传统旧学抵制新学。但是，历史是不可逆转的，存古学堂行之年余就沉沦不堪，即使动用很大的行政力量也无法维持下去。实践证明张之洞"中体西用"的教育思想具有浓厚的复古守旧色彩，同时也证明这种"求新"而"不改其旧"的路线是走不通的，在中国文化受到西方文化冲击而必须重建新的模式或体系的历史背景下，教育只有成为促进新的文化模式与体系形成与发展的力量，才有生命力。

当然，也必须肯定《劝学篇》"中体西用"关于学习西政、西艺的主张也包含着开明的因素，有开中国近代教育新风气的一面，也是对中国文化、教育出路的一种探索。

所谓"新学"与"旧学"，在张之洞看来，"四书、五经、中国史事、政书、地图为旧学；西政、西艺、西史为新学"。所谓"旧学为体"，就是把"四书、五经"等旧有的中国文化作为最根本的主题内容。它体现中华民族的文化、心理、性格、社会制度等，因此这是学习的主要内容。所谓"西学为用"，就是用西政、西艺、西史等来观察、分析和处理当时世界上出现的各种事务，为洋务事业服务。张之洞主张"政艺兼学"，政急于艺。当然，张之洞所指的西政是有特定内涵的，不可能是维新派所宣传的那种资产阶级民主、君主立宪，而是"学校地理、度支赋税、武备律例、劝工通商"等管理术。他认为讲这些西政要知道西艺，所谓西艺即"算绘、矿医、声光、化电"等西方近代自然科学技术。西政与西艺是密切联系的，"讲西政者，亦宜略考西艺之功用，始知西政之用意"。张之洞认为中国落后西方者，在政治治术和一般生产技术上。时代发生变化了，治国之道也要随之改进，因此他既反对顽固派坚持一切传统旧学都好、一切旧学不变的做法，又反对维新派变法维新，不加批判地照搬西方民主、民权等激进观点。于是他选择了一条折中的道路，提出"中体西用"。"中体西用"作为一种教育观，对于反对维新派的教育改革和抵制西方传教士的全盘西化，即以"基督教教育为体"的教育观，都起过不同的作用，而在抵制全盘西化方面又表现了进步性。

"中体西用"的教育思想，从文化和教育的建设方面提出了新的发展战略见解。在某种意义上说，它看到了中西文化的可融性、共同性、特殊性。把中国旧文化作为主体建筑的骨架，而把西方资产阶级新文化作为这个建筑的可利用材料，企图通过教育手段来完成这项工程。以"中体西用"的新模式来改换旧学体系中那些不适应清末王朝统治需要的成分，在实践上比起顽固派来毕竟突破了死守"中学"、"旧学"的樊笼，特别是它作为清末统治思想，影响了文化政策的修订，影响了学制的制定，促进了教学内容的改革和留学教育事业的发展。因此，在分析"中体西用"的教育思想时，不能把这个口号提出者的动机和目的，与这个口号客观上所起的历史作用完全等同起来。

当然，我们应当指出，"中体西用"思想虽然强调了中西文化与教育的共同性和可融性，但是，这种结合是肤浅的、硬性的，如鲁迅（1980）揭露"中体西用"的本质时指出的那样，"学了外国本领，保存中国旧习。本领要新，思想要旧"，"上午'声光化电'，下午'子曰诗云'"。这种矛盾思想阻碍了社会进步。"要想进步，要想太平，总得连根的拔去'二重思想'才好。"

尽管如此，教育史的进程总是与教育思想史的进程同步的，

"中体西用"的教育思想是近代中国特定的复杂历史时期（半封建半殖民地）教育实践的反映，是经过了长期酝酿和发展最后由张之洞概括出来的。因此，《劝学篇》一出世就受到了封建统治者和外国传教士的重视与欢迎。光绪皇帝如获至宝，"详加披览"，以为"持论平正通达"，"于学术人心大有裨益"；慈禧太后更以圣令形式下令军机处给各省督抚学政各一部，要求他们"广为刊布，实力劝导，以重名教而杜危言"。不久，《劝学篇》作为"钦定维新教科书"，"挟朝廷之力以行之"，"不胫而遍于海内"，十日之间三易版本，印数不下二百万册。西方列强对此书亦深表欣赏，先后译成英文、法文出版。在美国出版的英文本，译者伍布里奇特意改名为《中国唯一的希望》；美国传教士丁韪良的《花甲记忆》选录了《劝学篇》；国内顽固派也极力吹捧和宣传它；只有戊戌变法的革新派反对它。可见，"中体西用"教育思想影响之大是不可低估的。尽管 1911 年资产阶级推翻了清王朝封建统治，抛弃了"癸卯学制"，建立了新学制，但是"中体西用"的教育思想仍然在发挥着它的作用，直至今天还以不同的方式影响着人们对现代教育的认识和对不同文化的理解。

康有为的教育思想

一、生平及教育活动

康有为（1858—1927），原名祖诒，字广厦，号长素，又号更生。广东南海人，人称南海先生。他是戊戌变法的领导人，维新派的领袖，是我国近代史上向西方寻求真理的先进人物之一，晚清著名的政治家、思想家、教育家。清光绪进士、授工部主事。

康有为生活在清朝国势日蹙、内外交困的时代，这是中华民族和外国侵略者生死搏斗的时代，也是闭关自守的中国接触世界和走向世界的时代。康有为的教育活动和教育思想无不熔铸着时代的印记。

他早年接受了传统的教育，先学程朱理学，后转崇陆王心学，以后又接触了西方文化，读了不少各国历史和游记等西书，也攻读了声、光、化、电等自然科学书籍，天文、地理和古地质学对他产生了很大影响，"新识深思，妙语精理，俯读仰思，日新大进"（《康南海自编年谱》）。科学知识促使他"尽破藩篱而悟彻诸天"，他批判了传统的天道观，指斥"以占验言天"是荒谬的。他把科学知识看成"器"，把宇宙观看成"道"，认为"道尊于器，然器亦足以变道矣"。科学知识逐渐改变着康有为的宇宙观，为他日后主张政治改革准备了科学的理论基础。

激于爱国热忱，他从1888年至1898年，曾先后七次上书光绪皇帝，要求变法。1895年，他在《公车上书》中建议"变法成天下之治"。他先后组织了强学会、圣学会、保国会，办报纸，宣传维新变法思想。1898年依靠光绪皇帝发动"变法维新运动"。这一"戊戌变法"运动，在当时历史条件下具有进步意义，但终因遭受慈禧太后的镇压而失败。康有为被迫逃亡海外，曾组织保皇会，成为保皇党首领，公开反对孙中山领导的民主革命，策划张勋复辟，政治上愈趋堕落，1927年3月病逝于青岛。

梁启超在《康有为传》中评述了康有为的一生，指出："吾以谓之政治家，不如谓之教育家；谓之实行者，不如谓之理论者，一言蔽之，则先生者，先时之人物也。"

康有为一生很重视教育活动，为了培养维新人才，他于1891年在广州办"长兴学舍"。"与诸子日夕讲业，大发求仁之义，而讲中外之故，救中国之法。"（《康南海自编年谱》）他每讲一学，则高坐堂上，不设书本，而援古证今，诵引传说，原始要终，会通中外，一讲就是半天，强记雄辩，滔滔万言，诚所谓诲人不倦的好老师。他亲自手定了《长兴学记》作为学规，分为"学纲"、"学科"、"科外学科"三个方面。他主张德育居十之七，智育居十之三，还特别重视体育，推动了教育事业的革新。1893年，"长兴学舍"扩大为"万木草堂"，直到1898年被清政府下令封禁辍讲止，康有为在广州办学前后历时八年，培养了一批维新变法的骨干。

此外，1895年他曾在桂林讲学四十余天。1897年他第二次到桂林时开设广仁学堂，聚徒授业，讲中外之故，求救中国之法，培养维新变法之人才。他讲学生动、活泼，有独创性，又有现实感，因而"来问学者，踵履相接，口舌有不给"（《桂学答问序》）。他还撰写了《桂学答问》及《分月读书课程表》，指导学生们依课程研读，并将心得作成札记，写质疑问难。由于他在桂林办学，才使广西人士"知爱国御敌，兴学堂，重体育，设会讲学，文武兼重，风气之变速而巨"（廖中翼，1982a）。

康有为最主要的著作有《新学伪经考》《孔子改制考》《大同书》《戊戌奏稿》等。

二、救亡图存、维新变法

康有为非常重视教育，他把从事教育事业当做进行政治活动、救亡图存、振兴中国的重要手段。他是一个教育救国论者，认为一个国家的强弱是以文化教育是否发达为转移的。一个国家的强弱关键是看国民的智慧，才智之民多则国强，才智之民少则国弱。中国之所以弱，是因为人才缺乏，人才缺乏的原因是教育不发达。

他说:"今日中国之弊,人才乏也。人才之乏,不讲学也。"(梁启超《万木草堂小学学记》)"非必制造新国之才,不足以救国,乃决归讲学于粤城。"(陆乃翔、陆敦骙《新镌康南海先生传》上编)他说:"欲任天下之事,开中国之新世界,莫亟于教育。"(梁启超《康有为传》)

对比之下,康有为对日本和西方重视教育十分赞赏。他说:"尝考泰西之所富强,不在炮械军兵,而在穷理劝学。"(《公车上书》)"日本之骤强,由兴学之极盛。其道有学制,有书器,有译书,有游学,有学会,五者皆以智其民也,五者缺一不可。"(《日本变政考》卷五)因此,中国要变法维新,只有学习外国;而学习外国,首先要从培养人才、革新教育入手。康有为呼吁清政府效法外国在中国兴办教育,引进资本主义的教育制度和先进的科学文化技术,使国家民族能够真正富强起来。所以他在《请开学校折》中向光绪皇帝建议:"请远法德国,近采日本,以定学制,乞下明诏,遍令省府县乡兴学,乡立小学,令民七岁以上皆入学,县立中学,其省府能立专门高等学大学,各量其力皆立图书仪器馆。京师议立大学数年矣,宜督促早成之,以建首善而观万国。夫养人才,犹种树也,筑室可不月而就,种树非数年不阴,今变法百事可急就,可兴学养才,不可以一日致也。故臣请立学亟亟也。若其设师范、分科学、撰课本、定章程,其事至繁,非专立学部,妙选人才,不能致效也。"由此可见,康有为十分重视教育的改革在维新变法、救亡图存中的重要地位和巨大作用。

三、变科举、兴学校

"变科举、兴学校"是康有为教育思想的核心内容，也是以他为首的近代资产阶级改良派在文教领域实行变法维新的基本思想。

变科举，废八股，目的在于否定传统的教育制度和选拔人才的制度。他在上光绪皇帝《请废八股试帖楷法试士改用策论折》里指出："今变法之道万千，而莫急于得才，得才之道多端，而莫先于改科举。"他力陈八股取士的流弊，要求立即废除八股，改试策论。他说："今日之患，在吾民智不开，故士虽多而不可用，而民智不开之故，皆以八股试士为之。学八股者，不读秦汉以后之书，更不考地球各国之事，然可以通籍累至大官。今群臣济济，然无以任事变者，皆由八股致大位之故。故台、辽之割，不割于朝廷，而割于八股，二万万之款，不赔于朝廷，而赔于八股，胶州、旅大、威海、广州湾之割，不割于朝廷，而割于八股。"（《康南海自编年谱》）他要求"从此内讲中国文学，以研经义、国闻、掌故、名物，则为有用之才；外求各国科学，以研工艺、物理、政教、法律，则为通方之学"（《请废八股试帖楷法试士改用策论折》），这样就可以求得各种人才。等到学校之风已开，就可废除科举制度了。

兴学校的目的，则在于建立资本主义的教育制度。他把"变科举"比做治病时"以吐下而去其宿病"，把"兴学校"比做"宜急补养以培其中气"。他要求改革旧的教育制度，建立新式学校，他提议将书院和祠庙改为学校，把庙产变为办学经费，并鼓励乡绅捐款办学。他在 1898 年的《请开学校折》中，提出了关于学校体系的设想："令乡皆立小学，限举国之民，自七岁以上必入之，教以文史、算数、舆地、物理、歌乐，八年而卒业，其不入学者，罚其父母。"这实质就是要求国家对儿童实施强迫的普遍的义务初等教育，并授以基本的初步的文化知识。"县立中学，十四岁而入，增教诸科尤深，兼各国文，务为应用之学。"即在初等教育的基础上施以中等教育，文化知识的传授则应更为深广，并增加外国语和实用学科。中等教育则分初等科二年，高等科二年，初等科是中学生必学的阶段。初等科二年毕业后可升入专门学。"农商矿林机器工程驾驶，凡人间一事一艺者，皆有学"中学、专门学毕业后则可以升入大学。大学则设四科："经学、哲学、律学、医学"。在首都则设立一所规模较大的京师大学。他还建议成立"学部"（即教育部），统管一切教育事务。此外，在筹集教育经费、"派游学"、"译西书"等方面，也提出了许多方案。这些建议，在"百日维新"期间得到了部分的实现。他这种引进欧美先进学校教育制度的思想，对后来的教育改革产生了深刻的影响。

康有为写了一本《大同书》，构造了一个"大同"社会理想的蓝图。这个"大同"社会没有"国家"，没有"阶级"，没有"家庭"，"全世界人类尽为平等"，是一个具有高度的物质文明和精神文明的社会。他设计了一个理想的"大同"社会的教育制度。在"大同"社会，设"育婴院"、"小学院"、"中学院"和"大学院"，分阶段进行教育。"育婴院"对儿童实施学前教育，由公家抚养。地址设在"楼居少而草地多"、空气清新的地方。

"多植花木，多蓄鱼鸟"，以便培养和陶冶儿童的"仁心"。儿童会说话时"教以言，凡百物皆备，制雏形或为图画，俾其知识日增"。儿童会唱歌时，"则教仁慈爱物之旨以为歌，使之浸渍心耳中"。总之，在"育婴院"阶段，注意儿童保健，"务令得宜以壮儿体"，即保证儿童的身体得到健壮的发展。在"小学院"阶段，由于儿童身心正处于发育时期，"童幼之性尤好跳动，易有失误，盖未至自立自由之时，故嫩稚也"。所以对儿童的一切起居、饮食、衣服、游戏等都要妥善安排，应做到"固不可多束缚以苦其魂，亦不可全纵肆以陷于恶"。这个时期的教育重点，放在以"养体为主"，即把体育、健康放在第一位，"而开智次之"，即把智育放在第二位，"令功课稍少而游嬉较多，以动荡其血气，发扬其身体"。在"中学院"阶段，他认为这对于人的一生是至关重要的阶段，"人生学问之通否，德性之成否，皆视此学龄。中学不通，则无由上达于上学及为专门之学，而终身受其害矣；德性不习定，至长大后气质坚强，习行惯熟，终身不能化矣"。"中学院"的校舍应该宽广、清爽，设备齐全。应设有食堂、图书馆、体育场、实验室等，使学生能够有一个供学习、运动、休息和实习、实验研究的良好场所。根据中学生"脑气未充，身体尚弱"的年龄特征，教育除"养体开智以外，又以育德为重"，即除继续进行体育、智育外，重点应该放在加强德育方面。在"大学院"阶段，由于"大学皆专门之学，实验之学"，所以对学生应实施专业知识的教育并培养各行各业的专门人才。大学阶段，除对学生实施德育、体育外，应"专以开智为主"，即把智育放在第一位。"人人各从其志，各认专门之学以就专科之师"，即由学生按照自己的志愿，选择自己的专业，由各门各类学科的教师传授专业知识。

《大同书》中的教育思想，虽也反映了中国传统文化、传统道德和教育思想，但总的说，其实质是以资本主义的教育制度为蓝本而加以理想化，并带有空想社会主义的色彩。这个教育理想，在当时自然是不能实现的，但它却闪烁着中国人智慧的火花，包含着合理的成分和科学的内核，在中国教育思想发展史上是有重要的历史地位的。它设计了一套系统、完整、前后衔接一贯的学校教育制度；它提出了人人都得到普遍的受教育的机会，男女也平等地享受着受教育的权利；它重视少年儿童在德、智、体诸方面得到协调的发展，并注意不同年龄阶段的生理、心理特征；它强调教师的选择和校舍环境设备的作用等，这许多见解确实是超见卓识，符合教育、教学的客观规律的。

四、革新教育内容与方法

康有为的教育思想的形成，反映了他由传统的儒家教育思想逐渐转向接受西方资产阶级教育思想的过程。这在教育内容上反映得十分明显。

他在《长兴学记》里提出了"学纲"、"学科"、"科外学科"三个方面。"学纲"以"志于道，据于德，依于仁，游于艺""四言为纲"。他在"四纲"之下又规定了若干学目，分别归属于"德育"、"智育"和"体育"。在"游于艺"中还包括有礼、乐、书、数、图、枪六小项。在"科外学科"方面，又分"校中"和

"校外"两项，"校中"有"演说"和"札记"，"校外"则有"体操"和"游历"。这是在中国教育思想史上第一次明确提出了学生要在德、智、体几方面协调发展的思想，是有意义的。

在德育方面，他在《长兴学记》中对学生提出了进行格物、历节、慎独、养心、习礼、检摄威仪、敦行孝悌、崇尚任恤、同体饥溺等传统的思想道德修养。在智育方面，他对学生提出了义理、经世、考据、词章以及礼、乐、书、数、图、枪的知识灌输。在体育方面，他对学生提出进行音乐、舞蹈、体操和军事体操的训练，开展游历活动。他还特意写了《文成舞辞》，让学生伴随着鼓乐的节奏，边歌边舞，以此陶冶学生的情操，锻炼学生的体质，以便去迎接救国救民的重大任务。

《长兴学记》虽沿袭了许多传统儒家教育的思想内容，但他毕竟提出了前人所未提出的新东西，反映了部分资产阶级教育的要求。正如梁启超说："其教旨专在激厉气节，发扬精神，广求智慧。中国数千年无学校，至长兴学舍，虽其组织之完备，万不逮泰西之一，而其精神则未多让之。其见于形式上者，如音乐至兵式体操诸科，亦皆属创举。"（《饮冰室合集》文集之六）从梁启超根据长兴学舍的教育大纲和课程设置绘制的学习表中，可以看出康有为的教育思想和要培养的学生德、智、休几方面的知识结构。

从"长兴学舍"到"万木草堂"，其教育内容反映了中西学并存的情况，这正好反映了当时的时代特点，反映了由旧式书院向新式学校过渡的特点。从康有为教育思想的发展来看，他所希望的是以"西学"占主导地位，他主张把"西学"引入各级各类学校，来代替"词章、帖括、训诂之学"。所以他说："凡天文、地矿、医、律、光、重、化、电、机器、武备、驾驶，分立学堂，而测量、图绘、语言、文字皆学之。"（《上清帝第二书》）在《请开学校折》里，他更进一步地具体建议学习先进的资本主义国家，要把上述的科学技术列入各级各类学校作为教育内容，还主张增设"书图仪器，以博其见闻"，建议聘请"鸿博硕学专门名家，以得其指导"，以达到"诸学并立，大学岿然，人才不可胜用"的目的。康有为这种把"西学"列入学校课程的主张，对当时和后来学校教育内容的革新起了重大的指导和促进作用。

在教学原则和方法上，康有为也提出了许多新的见解。

1. 关心时事

康有为反对那种"两耳不闻窗外事，一心只读圣贤书"的旧式学风，主张通经致用，挽救世变。他身居草堂，心忧天下，所讲内容，多为学术源流，举凡经典词章、诸子百家、世界大势，只要与救亡图存、变法维新有关，他都讲得有声有色，头头是道。在他的教导与影响下，学生们都树立起关心国家大事的思想，逐渐把自己个人的前途和国家民族的命运紧密联系起来，欣欣然以天下为己任。

2. 独立思考

康有为倡导学生们自由地发挥自己的思想，"各随其意志之所接近，冲动之所趋向，如万壑分流，各归一方"（梁启勋，1981）。梁启超也说："学者凡读书，必每句深求其故，以自出议论为主，久之触发自多，见地自进，始能贯串群书，自成条理。"（《饮冰室合集》专集之六十九）康有为注意开列读书书目，指导学习门径，在学生自学基础上，每月分别召见学生，检查学业，质疑问难，培养学生独立思考的习惯以及观察问题和解决问题的能力，造就善于思考问题、有独立见解的有识之士。

3. 互相启发

康有为选拔高材生为学长代他授业领众，这是促进教学相长行之有效的方法。这些才华出众的学长，答问析疑，悉当师说，后进学生，受益匪浅。能者为师，互相启迪，康有为倡导互教互学的风气。康有为的学生卢湘父（1979）说："同门多绩学之士，大率读书亦多，然后来学者，故虽为朋友，而实皆我师也，同门亦绝不客气，直谅多闻，兼兹三益，故予虽离师傅，而师傅更多也。"

4. 直观教学

康有为还成功地利用大自然进行直观教学。1897 年初夏在桂林教学，一天雷电交加，风雨将至，狂风炸雷引起了他极大的兴趣，他立即率领学生们带上雨具，手持风灯，穿过风洞，登上望江亭，观赏雨景，并讲述了声浪、光浪、电浪之原理。他说："此种宇宙之自然现象，西人悉心研究，成为声学、光学、电学之原理原则，应用于人问，是以西国日进文明，我等亦须精心研究！"（廖中翼，1982b）学生们置身于大自然的怀抱之中，聆听着老师语重心长的教导，感到十分新鲜，而意味无穷。

康有为的教学方法确和旧时代不同，是新颖的，而且是开风气之先的。

第十二

梁启超的教育思想

一、生平及教育活动

民间有一个传说故事，当年后生梁启超斗胆欲见湖广总督张之洞，据说张大人想考验梁后生，出了上联："四水江第一，四时夏第二，老夫居江夏，谁是第一？谁是第二？"梁后生对了下联："三教儒在前，三才人在后，小子本孺人，岂敢在前！岂敢在后！"妙对张大人。

梁启超（1873—1929），字卓如，号任公，广东新会（今广东省江门市新会区）人，举人出身。自幼攻读中国古代的经史典籍，十八岁后开始接触"西学"，并经同学陈千秋的介绍，拜康有为为师。1891年至1894年，他在康有为的"万木草堂"学习，思想上深受康有为的影响，并帮助康编纂校勘《新学伪经考》和《孔子改制考》。1895年春他随康有为入京会试，并帮助康有为从事各种维新活动。北京"强学会"成立，他任书记员。1896年任《时务报》主笔，他以通俗流畅的文笔，宣传维新变法。

1897年任长沙时务学堂中文总教习。在这里他采用康有为当年办"万木草堂"的经验，通过教学活动，大力宣传变法思想。"所讲则春秋改制，兼及西学，以新学教育湖南青年。"（王森然《梁启超先生评传》）他把学堂的功课分做"普通学"和"专门学"两大类。学生学完"普通学"的各门课程，有了必要的基本知识之后，再根据每个人的志愿和特长，分别学习各种专门性的课程，以充实专门知识。他除了白天讲课四小时之外，晚上还要批阅学生的作业，直到深夜，甚至有时通宵达旦。他不仅在课堂上向学生大力宣传维新变法、救亡图存的思想，对于学生在作业中所表现的某些进步思想，也极力予以热情的鼓励。他自述："启超每日在讲堂四小时，夜则批答诸生笔记，每条或至千言，往往彻夜不寐，所言皆当时一派之民权论。"（《清代学术概论》）他在这里的教学时间虽不长，却为维新变法运动培养了一批出色的人才。

1898年"百日维新"期间，他作为康有为的主要助手，积极活动，奔走策划，宣传鼓动，对推行新政出力甚多。在同封建顽固派的论战中，他笔锋犀利，所向披靡，成为维新运动的英勇斗士和卓越的宣传家。

戊戌变法失败后，他被迫逃亡日本，后远游美澳，大部分时间从事著述和办报。1905年后，他同康有为一样，坚持立宪保皇，堕落为保皇派，成为资产阶级民主革命的绊脚石。

1920 年后，他专门从事讲学和著述活动，先后在北京大学、北京师范大学和南京的东南大学等校讲演，1925 年担任清华学校研究院导师，前后凡三年。1929 年病逝于北京协和医院。

他的教育著作有：《变法通议》（1896—1899）、《上南皮张尚书论改书院课程书》（1896）、《倡设女学堂启》（1897）、《湖南时务学堂学约》（1897）、《万木草堂小学学记》（1897）、《与林迪臣太守论浙中学堂课程应提倡实学书》（1897）、《公车上书请变通科举折》（1898）、《日本横滨中国大同学校缘起》（1899）、《教育政策私议》（1902）、《论教育当定宗旨》（1902）、《答某君问办理南洋公学善后事宜》（1903）、《中国教育之前途与教育家之自觉》（1917）、《趣味教育与教育趣味》（1922）、《教育与政治》（1922）等，均收录于《饮冰室合集》中。他是中国近代资产阶级改良主义者、著名的思想家和教育家。

二、开民智、育人才

作为康有为主要助手的梁启超，也同他的老师一样，都持有"教育救国论"的观点。他也非常重视教育的作用，认为国家的强弱以教育为转移。他说："世界之运，由乱而进于平，胜败之原，由力而趋于智，故言自强于今日，以开民智为第一义。智恶乎开，开于学；学恶乎立，立于教。""中国之衰弱，由于教之未善……亡而存之，废而举之，愚而智之，弱而强之，条理万端，皆归本于学校。"（《学校总论》）

他认为教育的功能就在于"开民智、育人才"。"今日中国之大患，苦于人才之不足，而人才不足由学校不兴也。"只有变法图强，才能兴学校、开民智。所以他还阐述了"民智"和"民权"之间的关系。他说："今日欲伸民权，必以广民智为第一义"，"有一分之智，即有一分之权；有六七分之智，即有六七分之权；有十分之智，即有十分之权"。（《上陈宝箴书论湖南应办之事》）他的意思是说，只有首先提高了人民的文化教育素质，然后才能在中国实现民权政治。他强调培养有文化、有教养、懂时务的"新民"的重大意义。

梁启超把"育人才"、"开学校"看成是"开民智"、提高人民文化教育素质的主要手段，认为这是实行维新变法的根本之所在。他说："吾今为一言以蔽之，曰：变法之本在育人才，人才之兴在开学校，学校之立在变科举。"（《论变法不知本原之害》）这实质就是把变法图强的希望，寄托在培养大批具有维新变法思想、掌握西方科学技术的人才上。梁启超是从这一角度论述教育功能的，他看到了教育在"开民智、育人才"中的作用，认为教育对国家的富强有直接的关系。他的这种认识是卓越而深刻的。然而当时中国处在帝国主义、封建主义的压迫下，仅靠教育去"救亡图存"显然是行不通的。在这一点上他与康有为的见解是一致的。

与康有为不同的是，他更强调教育应有明确的"宗旨"，即指出了教育应培养什么样的人的问题。

梁启超认为，教育是人类一项极其复杂的活动，更不能没有目的。"他事无宗旨犹可以苟且迁就，教育无宗旨，则寸毫不能有成。""夫培养汉奸之才，亦何尝非人才？开奴隶之智，亦何尝非民智？"（《论教育当定宗旨》）他批评中国传统教育最大的缺点，是培养出来的人缺乏国家观念，"可以为一个人的资格"，"而独无可以为一国国民之资格"。（《新民说》）所以他提出教育的目的应该在于培养新一辈的国民，即所谓"新民"。他认为这种"新民"必须具有新道德、新思想、新精神、新的特性和品质，如"公德"、"国家思想"、"权利义务"、"自由"、"自治"、"进步"、"自尊"、"合群"、"毅力"、"尚武"等。实质上，就是资产阶级的新一代，即具有资产阶级政治信仰、思想观点和道德修养的人。这反映了新兴资产阶级在培养人才上的积极要求，不失为一种进步的教育思想。不过他把中国之所以衰弱的主要原因，说成是由于旧教育培养的人才缺乏国家观念，只为个人升官发财，显然这是片面的。

三、变科举、兴学校

梁启超和康有为一样，主张废八股、变科举、兴学校，建立资本主义的教育制度。

他对科举制度的腐朽性作了深刻的揭露。他说："八股取士，为中国锢蔽文明之一大根源，行之千年，使学者坠聪塞明，不识古今，不知五洲，其蔽皆由于此。""科举不变，荣途不出，士大夫之家聪颖子弟皆以入学为耻，能得高才乎？如是则有学堂如无学堂。"（《戊戌政变记》）他的意思是说，如果不变科举，人们仍被功名所引诱，不愿入新式学堂，即使办了新学堂，也培养不了有用之才。他说："强敌交侵，割地削权，危亡岌岌……天下扼腕殷忧，皆以人才乏绝，无以御侮之故，然尝推求本原，皆由科举不变致之也。"因此，他向光绪皇帝建议："将下科乡会试，及此后岁科试，停止八股试帖，推行经济六科，以育人才而御外侮。"（《公车上书请变通科举折》）他对科举制度的深刻批判，是具有进步意义的。

他也和康有为一样，积极提倡兴学校。他在《教育政策私议》一文中，模仿日本的学校教育制度，按照儿童身心发展的状况，设计了一个国民教育制度体系：五岁以下为"幼儿期"，受家庭教育或幼稚园教育；六岁至十三岁为"儿童期"，受小学教育；十四岁至二十一岁为"少年期"，受中等教育或与中学相等程度的师范学校或各种实业、专门学校的教育；二十二岁至二十五岁为"成年期"，受大学教育。大学分文、法、师范、医、理、工、农、商诸科。

他认为各级各类学校是相互衔接的，按学习程度递进，不能越级。中学、小学、幼稚园属于普通教育范畴。小学阶段为强迫义务教育，"子弟及岁不遣就学，则罪其父母"。而分科大学、师范学校、军事学校、美术学校、政治法律学校，则属于专门教育范畴。

梁启超在"开学校"方面，比康有为更有远见。他认为要变法改革，只培养懂得近代科学技术的专门人才还是不够的，还需要有一支具有维新变法思想的、有才干的、懂得政治法律的、能管理国家行政事务的专门队伍，中国的变法图强才能成功。他提议中国应效法欧美和日本，尽速设立"政治学院"，借以培养变法人才和管理人才。他的这种设想和建议，不仅在当时是切合时宜的、有见地的，就是在今天也还有借鉴意义。

四、人生百年，立于幼学

梁启超重视儿童教育。他说："人生百年，立于幼学。"他写了《论幼学》，集中阐述了他关于儿童教育的主张，并宣传和赞扬了资本主义国家儿童教育的经验，对改革当时中国的儿童教育是有积极意义的。

他对中国旧教育中对儿童采取的体罚——"扑教"，提出了严厉的批判，那时对儿童"导之不以其道，抚之不以其术"，"但凭棒喝"，结果使儿童视学校如囚牢，畏教师如狱吏。他认为这种儿童教育必须彻底改革，不然，不仅导致亡国，甚至足以灭种。他大声疾呼，若要保国保种，"非尽取天下之学究而再教之不可，非尽取天下蒙学之书而再编之不可"。

他对西方资本主义国家的儿童教育作了详尽的介绍："先识字，次辨训，次造句，次成文，不躐等也。识字之始，必从眼前名物指点，不好难也。必教以天文地学浅理，如演戏法，童子所乐知也。必教以古今杂事，如说鼓词，童子所乐闻也。必教以数国语言，童子舌本未强，易于学也。必教以算，百业所必用也。多为歌谣，易于上口也。多为俗语，易于索解也。必习音乐，使无厌苦，且和其血气也。必习体操，强其筋骨，且使人人可为兵也。日授学不过三时，使无太劳，致畏难也。"

他认为儿童教育要适应儿童的年龄特点，由浅入深，由易到难，循序渐进，不可躐等。要从小及早传授自然科学和社会科学的常识，然后逐步扩大学生的眼界。要重视实物教学、直观教学，注意引起儿童的兴趣。要从小教以外国语，孩子容易记住和掌握。还要授以歌谣、俗语、音乐、体育，使儿童德、智、体、美得到和谐的发展。

他还建议为儿童编好蒙学读物：识字书、文法书、歌诀书、问答书、说部书、门径书、名物书。对这七类书他都作了说明，还指出了教学方法。此外，他还为八岁至十二岁的儿童拟了一份课程表，其中包括每天的学习内容、活动安排及学习方法。他不愧是中国近现代教育史上十分重视儿童教育的教育家之一。尤其难能可贵的是，他不仅批判了"对于儿童过于严厉"的旧的教育方法，而且对于一些所谓"新"的"教育儿童纯用趣味引诱"的方法，也持反对的态度，认为"编者教者或不欲过费儿童之脑力，然失之过宽，亦实有不宜之处"。他认为人类智慧的潜力是很大的。"教育之目的即在扩张其可能性，愈用愈发达，愈不用亦遂退化。"（《中国教育之前途与教育家之自觉》）教学不能只片面地照顾儿童"趣味"而过于浅薄，应该有适当的难度，才能激发学生的学习积极性。教学不仅是传授知识，还应注意发展学生的智力。他的这些有价值的见解至今仍闪烁着智慧的光芒。

五、倡设女学堂

梁启超也很重视女子教育，他写了《论女学》论述了女子教育的重大作用。他认为女子教育的好坏，关系到家庭和种族的后代，关系到国家的强弱。他说："吾推极天下积弱之本，则必自妇人不学始。"意思是说，中国积弱的原因，就是由于妇女没有受教育的机会和权利。他认为良好的女子教育，"上可相夫，下可教子，近可宜家，远可善种"（《倡设女学堂启》）。他批判了封建主义的所谓"女子无才便是德"的腐朽教育观念，说这是"祸天下之道"，使妇女"于天下事一无所闻"，造成妇女愚昧无知，致使占人口半数的女子不能自立，形成"智男而愚妇"的局面。所以他从主张男女平权的思想出发，要求仿照西方各国，创办女学。他说："男女平权，美国斯盛；女学布濩，日本以强。兴国智民，靡不始此。"（《倡设女学堂启》）他认为凡男子可学的，女子亦可以学。"国中所宜讲者，惟农商医律格致制造等事；国人无男无女，皆可各执一业以自养，而无或能或不能之别，故女学与男学必相合。"（《论女学》）

为了推行他的女子教育的主张，他曾计划先在上海创办女子学堂一所，然后逐步推广到各省府州县。为此，他写了《倡设女学堂启》并附《女学堂试办略章》，对女子学堂的办学宗旨、课程设置、教职人员、管理制度、招生对象等方面，都有明确的规定。他计划这所女学堂招收八岁至十五岁的"良家闺秀"。学习内容："中文西文各半；皆先识字，次文法，次读各门学问启蒙粗浅之书，次读史志艺术治法性理之书。"女学堂设算学、医学、法学三科；另设师范科，"专讲求教育童蒙之法"；还可根据需要设纺织、绘画等科。梁启超提倡男女平等、妇女解放，主张开办女学，在当时的历史条件下，确实是难能可贵的。他对女学的规划和设想，在中国近代教育思想史上也是具有进步意义的。

六、师范教育是"基础"和"母机"

为了救亡图存、发展教育事业，必须重视师范教育。梁启超认为"师范学堂不立，教习非人也"（《学校总论》），他专写了《论师范》一文，集中阐述了师范教育的重大作用。他认为师范教育是各级各类学校教育的基础，他说："师范学校立，而群学之基悉定"，"师范也者，学子之根核也。师道不立，而欲学术之能善，是犹种稂莠而求稻苗，未有能获也"。所以他的结论是："欲革旧习、兴智学，必以立师范学堂为第一义。"在他设计的《教育制度表》里，就包括"寻常师范学校"、"高等师范学校"、"师范大学"三级比较完整的师范教育系统。可见他对师范教育的重视。他把师范教育看成是整个教育事业的"基础"，当成各级各类学校教育的"母机"，这是深刻、卓越的见解，表现出一位杰出教育家的战略眼光。

第十三

严复的教育思想

一、生平及教育活动

严复（1854—1921），原名传初、体乾、宗光，字又陵，号几道，晚年号瘝瘝老人，福建侯官（今闽侯县）人。1867 年，他考入福州船厂附设的船政学堂，学习了英语与近代自然科学。1872 年毕业后就到军舰上实习和工作。1877 年被派到英国去学海军，学习与研究了西方资产阶级思想与文化，受进化论思想影响颇深。1879 年回国后，长期从事教育工作。初任福州船政学堂教习，1880 年起先后任北洋水师学堂总教习、会办、总办，在该校任职长达二十年之久。1896 年创办天津俄文馆，他兼任总办。同年他又支持张元济在北京办通艺学堂。他曾去通艺学堂讲学，宣传西方资产阶级的学术思想。1897 年他与朋友合作创办了《国闻报》与《国闻汇编》刊物，宣传"教育救国"与"科学救国"。1905 年，协助马相伯创办复旦公学，并于次年起一度任监督。后又任安徽高等学堂监督。1908 年，任清政府学部审定名词馆总纂。1912 年，任京师大学堂总监督，5 月京师大学堂改名为北京大学，严复出任首任校长，兼文科学长。

严复是近代中国向西方寻求救国真理的代表人物之一，是中国最早系统介绍西方社会学说的启蒙思想家，清末维新运动中重要的理论家和宣传家，也是近代著名的教育家。他在办学的同时，以极大的热情翻译西方资产阶级学者的名著。1898 年他翻译了赫胥黎的《天演论》。从 1902 年至 1909 年，先后翻译、出版了亚当·斯密的《原富》、斯宾塞的《群学肄言》、约翰·穆勒的《群己权界论》《名学》、甄克斯的《社会通诠》、孟德斯鸠的《法意》、耶方斯的《名学浅说》等著作，比较广泛地传播了西方的哲学、社会学、经济学、政治学、逻辑学、教育学。1914 年他还翻译了卫西琴的《中国教育议》。他的文章和译文，曾影响了整整一个时代的青年知识分子，在近代学校与科举、新学与旧学、西学与中学的斗争中，起过十分积极的作用。

戊戌变法失败后，严复在提倡西学的同时，与旧学妥协的一面开始增长。辛亥革命后，他在政治上反对共和，主张帝制，走上了顽固保守的道路，成为时代的落伍者。

严复在教育方面的主要著作有：《原强》（1895）、《救亡决论》（1895）、《论沪上创兴女学堂事》（1898）、《道学外传》（1898）、《与外交报主人论教育书》（1902）、《论教育与国家的关系》（1906）、《蒙养镜序》（1909）等。

二、鼓民力、开民智、新民德

严复与康有为、梁启超一样，也把教育当做"救亡图存"、使国家富强的重要手段。他崇尚英国资产阶级社会学家和教育家斯宾塞的学说，认为判定一国强弱存亡的标准，是民力的强弱、民智的高下和民德的好坏。他在《原强》中说："盖生民之大要三，而强弱存亡莫不视此：一曰血气体力之强，二曰聪明智虑之强，三曰德行仁义之强。是以西洋观化言治之家，莫不以民力、民智、民德三者断民种之高下。未有三者备而民生不优，亦未有三者备而国威不奋者也。"

严复认为中国"积弱积贫"的根源在于"民力已茶，民智已卑，民德已薄"，如不改变这种局面，按照"物竞天择"法则，中国必将沦为帝国主义的奴隶。要拯救中国，不能依靠旧的法制，也不能单靠兴办洋务，而是应该通过改良主义道路来"鼓民力"、"开民智"、"新民德"。所谓"鼓民力"，就是提高人民的体力，强健人民的身体，改革中国的礼俗，注意操练，注意饮食，提倡医学，严禁吸食鸦片和女子缠足。所谓"开民智"，就是提高人民的智慧，提高人民的文化教育素质，废除科举八股取士和训诂词章之学，以西学来代替中学。他强调"民智者，富强之原"。而要"开民智"，必须讲西学，学习西方的社会科学和近代自然科学，学习西方的"先物理而后文词"、"重达用而薄藻饰"、"贵自得而贱因人"、"喜善疑而慎信古"等治学方法和教学方法。所谓"新民德"，就是提高人民的道德，废除封建的专制政治，实行君主立宪，设立议院，由人民选举地方官吏，用资产阶级的民主、自由、平等代替中国传统的封建宗法制度和伦理道德。

严复的这些主张反映了他要求变法维新、发展资本主义的愿望，也表达了他希望通过文化教育的改革来挽救国家的危亡、使中国走上独立富强的道路的愿望。

封建顽固派是坚持反对"西学"的，他们"恶西学如仇"和视"西学"为"奇技淫巧"。而洋务派则提出"中学为体，西学为用"的口号，同样主张从根本上维护传统的封建宗法制度和伦理道德，也不愿改变以"尊孔读经"为主要内容的"中学"教育思想。

严复认为只有用"西学"代替"中学"，认真向西方资本主义国家学习，才是"救亡图存"的正确道路。他认为西方资本主义国家之所以富强，并不仅因为他们船坚炮利，而主要是他们的文化教育与科学技术发达。而中国之所以贫穷，受人欺侮，原因在于封建专制主义的统治禁锢了人们的头脑，阻碍了社会的进步。所以他认为，要救亡，要富强，"则不容不通知外国事，欲通知外国事，自不容不以西学为要图。此理不明，丧心而已。救亡之道在此，自强之谋亦在此"（《救亡决论》）。

严复认为张之洞所宣扬的"中学为体，西学为用"，是行不通的。他说："中学有中学之体用，西学有西学之体用，分之则两立，合之则两亡。"（《与外交报主人论教育书》）他认为把中学和西学看成是体用关系、主辅关系是不妥当的。这两种不同的学问各有其体和用，不能拼凑在一起以前者为体以后者为用，结果这两者都学不好。他举例说，有牛之体就发挥牛负荷之用，有马之体就发挥马跑路之用，如果以牛为体以马为用，那怎么行呢？他对"中体西用"说的批判是深刻的。他认为中国最迫切的任务是愈愚、疗贫、起弱,"三者之中,尤以愈愚为最急";而愈愚,又"以治西学为当务之急"。他在批判"中体西用"的过程中,更进一步阐述了他的教育救国、西学救国的思想。他的这一思想对于传播西方的资本主义科学技术和学术思想、对于批判腐朽的封建专制主义的统治起了巨大作用。不过,在当时半殖民地半封建的历史条件下,仅靠改革教育、学习西学而救国,只能是一种幻想。

三、废八股、兴学堂

严复和康有为、梁启超一样,对八股取士的科举制度进行了深刻的揭露。他指出八股取士的危害在于"锢智慧"、"坏心术"、"滋游手",使中国无人才。所谓"锢智慧",就是指思想上受束缚;所谓"坏心术",就是指思想上的败坏和堕落;所谓"滋游手",就是指滋养了一批不学无术的高等游民。所以他说,欲使国家富强,多出胸有实学的人才,则非"废八股、试帖、策论诸制科不可"(《原强》)。

与此同时,严复严厉批判了中国传统的"旧学"——"汉学"、"宋学"、科举词章、金石书法等种种文化,认为这些不但是"无实"、"无用",而且是"谬种流传,羌无一是",是些"徇高论而远事情,尚气矜而忘实祸",高谈阔论,脱离实际,这些是"学术末流之大患","皆宜且束高阁也"。(《救亡决论》)

因而,他强烈地呼吁:"求才为学二者,皆必以有用为宗。而有用之效,征之富强;富强之基,本诸格致。"(《救亡决论》)他主张把资本主义国家的自然科学、工程技术和社会政治学说引进学校的课程中来，设立新式学堂，建立新的教育制度。

他在《与外交报主人论教育书》中，提出了一个比较详细的学校教育制度的蓝图，并对各级学校的教学内容和教学方法提出了自己的主张和要求。

初等教育："学生未进中学之先，旧学功课，十当处九"。学习的目的是执笔能"为条达妥适之文"，"而于经义史事亦粗通晓"。但也应用简明易懂的文字翻译一些西学"最浅最实之普通学"作为辅助读物。对旧的教学方法也应有所改革，"减其记诵之功"，即减少死记硬背的方法，而"益以讲解之业"，即多用讲述解释的方法。

中等教育：中学堂的功课，应以"西学"为重点，"洋文功课居十之七，中文功课居十之三"，并且还规定"一切皆用洋文授课"。

高等教育：中学堂学习四五年后，"便可升入高等学堂为预备科。三四年后，即可分治专门之业"，即学习各种专门的学科。高等教育的教学内容，主要是"西学"；至于"中文"则是"有考校，无功课，有书籍，无讲席，听学者以余力自治之"，即让学生在课余时间通过自学来解决。

在上述课程设置中，严复虽给"旧学"保留着一定的位置，尤其是在初等教育阶段，但从总的倾向来说，他坚持在中、高等学校教育的课程设置中以学习"西学"为主要内容。

他不仅提倡中高等学校教育着重学习西方的科学知识，而且还重视西方科学的学习方法和研究方法。他指出西方科学家研究学问的根本精神不外"实"和"用"两个方面，就是根据客观事实探求真理的态度和学以致用的研究精神。他在《原强》中引用了英国生物学家赫胥黎的话："读书得智，是第二手事，唯能以宇宙为我简编，名物为我文字者，斯真学耳。"即研究学问必须以客观的自然现象和社会现象为研究对象，只有从客观现象中研究得来的知识，才是真正的知识，才是"真学"！他说："此西洋教民要术也！"

此外，他还赞扬西方科学家研究自然科学是以实验方法为基础，通过客观事实的实验证明，然后再建立公理或原则。他说："一理之明，一法之立，必验之物物事事而皆然，而后定之为不易。其所验也贵多，故博大；其收效也必恒，故悠久；其究极也必道通为一，左右逢原，故高明。"（《救亡决论》）

严复当时所宣传的这些初步具有科学观点的近代研究方法和教学方法，启发了当时中国的学术界和教育界，使知识分子耳目为之一新，其进步作用是不能低估的。

康有为、梁启超、严复生活在中华民族危机十分严重的半殖民地半封建的中国，他们目睹国家的贫弱，希望"二十年后，中国之富强，将甲于天下"（梁启超《中国之将强》）。他们致力于变法图强，在历史上起过进步作用，他们同为先进的中国人之列。他们都重视教育事业，提出了一些进步的教育主张，对维新运动的发展和维新人才的培养起过积极作用，在近代教育思想史上，他们都起着重要的启蒙作用。可惜的是他们不能随着时代的潮流前进，不愿意改变自己的改良主义的立场，终于从先进变成落后，这也是应该引起我们注意的。

参考文献

[1] 蔡振生.1994.张之洞教育思想研究 [M].沈阳：辽宁教育出版社.

[2] 陈景磐，陈学恂.1997.清代后期教育论著选 [M].北京：人民教育出版社.

[3] 高时良.1990.明代教育论著选 [M].北京：人民教育出版社.

[4] GUO QIJIA. 2009. A HISTORY OF CHINESE EDUCATIONAL THOUGHT [M]. BEIJING：FOREIGN LANGUAGES PRESS.

[5] 郭齐家.2011.文明薪火赖传承 [M].济南：山东教育出版社.

[6] 郭齐家，顾春.1996.陆九渊教育思想研究 [M].南昌：江西教育出版社.

[7] 李国钧.1984.王船山教育思想初探 [M].北京：人民教育出版社.

[8] 李国钧.1990.清代前期教育论著选 [M].北京：人民教育出版社.

[9] 梁启勋.1981.万木草堂回忆 [G] //中国人民政治协商会议全国委员会文史资料研究委员会.文史资料选辑：第二十五辑.北京：中华书局：67.

[10] 廖中翼.1982a.康有为第一次来桂林讲学概括 [G] //中国人民政治协商会议桂林市委员会文史资料研究委员会.桂林

文史资料：第二辑．桂林：政协桂林市委员会文史资料研究
委员会：55.

[11] 廖中翼．1982b．康有为第二次来桂林讲学概括［G］//中国
人民政治协商会议桂林市委员会文史资料研究委员会．桂林
文史资料：第二辑．桂林：政协桂林市委员会文史资料研究
委员会：55.

[12] 卢湘父．1979．万木草堂忆旧［G］//沈云龙．近代中国史
料丛刊续编：第六十六辑．台北：文海出版社．

[13] 鲁迅．1980．热风［M］//鲁迅全集：第一卷．北京：人民
文学出版社：339–340，348.

[14] 马克思．1979.1844年经济学哲学手稿［M］//马克思，恩
格斯．马克思恩格斯全集：第四十二卷．中共中央马克思恩
格斯列宁斯大林著作编译局，编译．北京：人民出版
社：96.

[15] 邱汉生，熊承涤．1992．南宋教育论著选［M］．北京：人民
教育出版社．

[16] 孙培青，李国钧．1995．中国教育思想史：第1–3卷［M］.
上海：华东师范大学出版社．

[17] 田正平．2001．中国教育史研究：近代分卷［M］．上海：华
东师范大学出版社．

[18] 王炳照，郭齐家．2000．中国教育史研究：宋元分卷［M］.
上海：华东师范大学出版社．

[19] 王炳照，李国钧，阎国华．2013．中国教育通史［M］．北
京：北京师范大学出版社．

[20] 肖萐父，李锦全.1983.中国哲学史：下卷 [M].北京：
人民出版社：166.

[21] 姚瀛艇.1983.试论理学的形成 [G]//中国哲学史学会，
浙江省社会科学研究所.论宋明理学：宋明理学讨论会论文
集.杭州：浙江人民出版社：1-13.

[22] 张岱年，方克立.2004.中国文化概论 [M].修订版.北
京：北京师范大学出版社.

[23] 张鸣岐.1991.辽金元教育论著选 [M].北京：人民教育出
版社.

[24] 周德昌.1995.中国教育史研究：明清分卷 [M].上海：华
东师范大学出版社.

[25] 周德昌.1998.北宋教育论著选 [M].北京：人民教育出版社.

出 版 人　所广一
策划编辑　刘　灿
责任编辑　刘　灿
责任校对　贾静芳
责任印制　曲凤玲

图书在版编目(CIP)数据

中国教育的思想遗产:回望宋元明清／郭齐家著. —
北京:教育科学出版社,2012.1(2014.8重印)
ISBN 978 - 7 - 5041 - 5584 - 9

Ⅰ.①中… Ⅱ.①郭… Ⅲ.①教育思想 - 思想史 - 研究 -
中国 - 宋元时期 ②教育思想 - 思想史 - 研究 - 中国 - 明清时
代　Ⅳ.① G40 - 092.2

中国版本图书馆 CIP 数据核字(2011)第 262503 号

中国教育的思想遗产:回望宋元明清
ZHONGGUO JIAOYU DE SIXIANG YICHAN:HUIWANG SONG YUAN MING QING

出版发行　**教育科学出版社**

社　　址	北京·朝阳区安慧北里安园甲9号	市场部电话	010 - 64989009
邮　　编	100101	编辑部电话	010 - 64981245
传　　真	010 - 64891796	网　　址	http://www.esph.com.cn
经　　销	各地新华书店		
印　　刷	北京中科印刷有限公司		
开　　本	140 毫米×214 毫米　32 开	版　　次	2012 年 1 月第 1 版
印　　张	6.875	印　　次	2014 年 8 月第 2 次印刷
字　　数	133 千	定　　价	20.00 元

如有印装质量问题,请到所购图书销售部门联系调换。